글로벌 인성

인성 리더십

글로벌 인성

인성 리더십

공 저

문희강 · 김진진 · 최은례 · 이경자 · 임해숙 · 장정자
최미애 · 김정훈 · 최만호 · 염두연 · 김옥순

오늘날 수많은 교육 중에 왜 인성교육인가?

지하철이나 음식점에서 이리저리 뛰며 소리치는 아이를 보면 무슨 생각이 드는가? 무엇이 문제라고 생각하는가?

인성은 인간의 기본교육이다. '세 살 버릇 여든까지 간다'는 속담도 있듯이 인간의 기본은 대개 유아 아동기를 거치면서 형성된다. 우리나라 유·초등교육 또한 전인교육을 지향하고 있다. 전인교육의 목표는 무엇인가? 바로 '인성교육'이다.

우리는 그동안 산업경제의 발달과 지식교육으로 앞만 보고 달려온 결과, 가장 기본적인 윤리적 가치, 그 가치에 걸맞은 선택과 의사결정을 할 수 있는 기회를 소홀히 해 왔다. 결국, 소 잃고 외양간 고치는 격이 되어 버린 셈이다.

과거나 현재, 미래에도 인간의 됨됨이를 만드는 인성교육은 사람의 근본으로, 2000년 전이나 지금이나 그 본질에는 변함이 없다. 그렇다면 인성교육의 방법에는 어떠한 것이 있을까? 맹자 어머니와 신사임당, 두 사람의 예를 살펴보자.

보고, 듣는 환경을 만든 맹모삼천지교 인성교육

맹자의 교육을 위해 맹모는 세 번이나 이사했다고 전해진다. 기원전 372년 노나라 산동 성 부근에서 태어난 맹자를 공자 다음 인물이 되도록 키운 맹모의 교육철학이 바로 '맹모삼천지교(孟母三遷之敎)'에 잘 드러난다. 맹모는 맹자가 세 살 때 남편이 떠나자, 홀어머니 아래서 자랐다는 소리를 듣지 않도록 철저하게 인성을 중시한 교육을 했다.

스스로 행동으로 보여 준 신사임당의 인성교육

조선의 율곡 이이, 이매창의 어머니 신사임당은 당대 유명한 문장가이면서 화가였다. 그녀는 자녀들에게 행동으로 실천하며 스스로 보고 듣고 생각하도록 훈련시켰다.

맹자의 어머니처럼 교육환경을 만들어 주는 방법과 신사임당처럼 스스로 행동으로 보여 주는 서로 다른 인성교육의 방법에는 한 가지 공통점이 있다. 그 공통점이란, 인성을 강압적인 방법보다 깨닫게 만들어 주는 교육방법이 올바른 인격을 형성시키고 배려와 나눔을 실천하는 도덕성을 키운다는 점이다.

상대를 이끄는 감동 리더십

'어머니'라는 단어만 들어도 감격스러운 이유는 무엇일까? 그것은 바로 가슴속에 묻어 있는 감사함과 아쉬움, 그리움의 감성 때문일 것이다.

사회는 복잡한 인간관계로 구성되어 있어 상대를 이끌어 가는 리더십이 성공의 열쇠가 되고 있다. 가족관계, 친구 관계, 동료 관계, 사회관계, 조직관계를 원만하게 이끌어 가는 리더십이 존경받고 있는 추세이다.

그렇다면 21세기의 급변하는 시대에 적합한 리더십은 무엇일까? 상대를 감동시키는 감성은 미래조직을 이끌어 가는 비결이다. 상대를 이해시키기보다는 감동하게 만들어 나의 실수에도 나를 이해하고 내가 되어 주는 상대를 만드는 것이다. 지시와 명령의 리더십보다는 감동으로 충성을 바치게 만드는 팔로우십이야말로 진정 '감성 리더십'이라 할 수 있다.

팔로우십은 상대에 대한 믿음과 신뢰를 이끄는 것이다. 팔로우십은 동료애로서 이해와 용서, 믿음과 신뢰로 인간관계를 이끄는 성공 비결이다.

감동 리더십은 상대를 억압하거나 통제하는 방법이 아니라 스스로 참가하여 나누고 배려하고 협동하며 조화를 만드는 리더십이다. 나눔과 배려는 동료애를 만들어 자연스럽게 협력하여 조화로운 대인관계, 조직관계 등을 이끄는 마력이며, 상대의 마음을 이끌어 감동을 통한 행복을 나누어 서로가 공존하는 에너지이다.

21세기를 이끌어 나갈 핵심 리더십

배려와 나눔은 상대적 관계를 이끌어 가는 리더십의 힘이다. 수평적 리더십의 효과는 조직원에게 얼마나 나누어 주고 직원의 입장에서 이해하는 배려를 했는가에 대한 결과물이다.

기업에서 배려와 나눔은 고객의 마음을 흔드는 감동 홍보 전략으로 사용되고 있다. 상품특성을 홍보하는 전략에서 배려와 나눔을 실천하는 기업이미지의 홍보가 고객을 자극시키는 마케팅 전략이 된 것이다.

협동과 협력을 통한 융합을 요구하고 있는 글로벌 시대에 감성공감 리더십은 협동과 협력을 이끌어 가는 원동력으로서 관계적 공감을 만들어 조직을 이끈다. 글로벌 시대의 성공은 혼자만의 노력으로 되는 것이 아니라, 상대의 적극적 협력에 의하여 이뤄진다. 따라서 감성공감리더십은 인생의 협력자, 동반자를 만들어 글로벌 시대에 성공을 만들어 주는 비결이다.

배려의 리더십
나눔의 리더십
협동의 리더십

이 세 가지 리더십은 학교나 기업, 사회의 평가기준으로서 올바른 인성교육의 핵심이 되어 있다.

본서는 올바른 인성의 인격적 요소와 도덕적 요소를 바탕으로 대인관계를 이끌어 가는 배려와 나눔, 협동과 조화의 리더십을 키우는 교육방법과 방향을 조선시대와 현시대를 비교하여 여러 가지 사례를 통해 쉽고 정확하게 제시하고자 노력하였다. 이 책을 통해 올바른 인성을 갖춘 리더십의 중요성을 깨닫고, 현명한 부모들의 인성교육을 통해 미래의 희망인 우리 아이들이 21세기를 이끌어 가는 바른 힘을 얻길 바란다.

－ 인성리더십 강사 일동

1CHAPTER
인성교육의 방향

2 CHAPTER
인성교육의 방법과 사례

┃ 인성은 무엇이고 인성과 리더십은 어떤 관계인가?

인성이 잘 갖춰진 사람이 대인관계를 이끌어 가는 리더십도 뛰어나다. 성공한 대부분의 사람
들은 인성과 리더십이 함께 준비된 경우가 많으며, 타인으로부터 존경을 한몸에 받을 뿐만 아
니라 후세에도 명성을 얻는다.

┃ 왜, 우리는 인성교육이 중요하다고 말하는가?

그것은 바로 인성을 갖추고 리더십이 있어야 성공하기 때문이다.

▎인성을 갖추면
▎**리더십도 뛰어나다**

"안녕하세요."

학교 정문을 들어서면서 학생들이 교장 선생님과 인사를 나눈다.

같은 시각, 새벽부터 나와 공장을 둘러본 그룹 총수가 입구에 서서 출근하는 사원들과 인사를 나눈다. 어느 총수는 직원들 얼굴조차 모르는데, H그룹 총수는 먼저 사원들에게 인사를 나누며 하루를 일과를 시작한다. 사원들은 자연스럽게 총수를 존경할 수밖에 없다.

나이키 CEO, 마크파커는 복도에서 마주치는 사원들과 인사를 나누며 사원들이 지나가는 문을 잡고 기다리며 사원과 소통한다.

그리고 세종은 백성들의 생활을 직접 보며 애민 사상으로 백성의 불편한 요소를 찾아내어 노비제도의 모순을 고쳤고, 세금도 조정해 주어 칭송을 받았다고 한다.

이처럼 존경받는 리더는 인성을 바탕으로 인격과 도덕이 준비되어 있기 때문에 대중의 존경을 받는다. 그렇다면 이들은 어떻게 인격과 도덕성을 겸비할 수 있었을까?

미국의 35대 대통령으로 평화봉사단을 설립하기도 한 존 F.케네디는 어머니 로즈의 밥상머리 교육을 받고 성장했다.

첫째, 식사시간은 반드시 지켜야 한다.

둘째, 식사시간은 하루일과를 함께 앉아 점검해 보는 시간이다.

셋째, 식사시간은 가족들이 토론을 나누는 자리이다.

케네디 어머니의 9명 자녀를 키우는 방법은 맏이 교육법이었다. 맏이를 잘 교육시키면 동생은 형이나 언니를 따라 행동하므로 자연스럽게 리더십도 성장하기 때문이다.

영국의 속박에서 원한과 투쟁, 폭력을 쓰지 않고 비폭력으로 저항함으로 많은 인도인의 동참을 유도한 것으로 유명한 간디가 인도인의 존경을 받게 된 것은, 성장 과정에서 어머니의 종교를 통한 인성교육으로 인성과 리더십을 학습 받았기 때문이다.

이처럼 올바른 인성은 상대를 감동시켜 존경을 받고 조직을 이끌어가는 리더십이 된다.

올바른 자녀교육으로 유명한 유대인 어머니들은 결혼을 앞둔 딸에게 한 통의 편지를 보낸다고 한다.

"사랑하는 딸아, 네가 남편을 왕처럼 섬긴다면 너는 여왕이 될 것이지만, 남편을 돈이나 벌어오는 하인으로 여긴다면 너도 하녀가 된다."

인성에서 가장 중요한 것은 먼저 상대를 존중하고 배려하는 자세다. 사람 관계에서 기득권을 주장하는 습관은 독선적으로 키웠기 때문이다. 지나치게 과잉보호로 성장하면 타협하지 않고 협동하지 않으며, 독선적으로 자신 생각만을 주장하기 때문에 소통하지 못한다.

유대인은 자녀가 성인이 되어서도 원만한 부부관계를 유지 할 수 있도록, 어려서부터 상대에 대한 배려와 지나치게 부담을 주지 않는 훈련으로 키운다. 상대를 높여 주는 것이 자신을 높이게 된다는 이치를 깨닫게 하는 것이다.

그런데 오늘날 우리의 모습은 어떠한가?

전철이나 버스 등에서 젊은 사람이 노인이나 임신부, 노약자에게 자리를 양보하지 않는 모습은 흔하다. 오히려 양보를 생각하는 것을 잘못된 습관이라고 판단한다.

"내가 먼저 왔는데……."

임신부나 노인에게도 자리를 양보하지 않고 기득권을 주장한다면, 인성교육에 실패한 것이다. 자신의 소중한 것도 도덕적으로 양보하는 습관에서 나온다.

"일등만이 되어야 한다."

"네 것을 지켜야 한다."

부모가 생존경쟁에 대한 공격이나 기득권을 주장하도록 훈련한다면, 자녀는 타인과의 협상이나 양보를 하는 방법을 모른다. 어떤 상황에서도 자신만을 생각하고 독자적 행동으로 공격적이고 방어적 습관을 지니게 된다.

인성의 리더십은 상대에 대한 이해와 양보의 배려이다. 독선적인 리더를 믿고 의지하는 팀원은 없다. 리더의 희생을 통해 팀원은 단결하고 화합하며 조화를 이루기 때문이다. 인성은 양보하는 자세와 습관을 키우고 나누는 방법을 보고 듣고 행동할 수 있도록 체험과 경험의 방식으로 학습시켜야 한다.

인성과 리더십은
어떤 관계인가?

"사람이 됐어!"

"역시 성자이네!"

칭찬과 존경을 받는 사람이 있고, 이에 반해 비난과 멸시를 받는 사람이 있다.

조선 시대 세종대왕은 백성을 이해하고 사랑하는 애민사상으로 많은 업적을 남긴 분으로서 칭찬과 존경을 받지만, 선조는 혼자 살겠다고 백성을 버리고 도망간 무능한 왕으로 구분한다. 이처럼 왕이 되었어도 백성의 존경을 받는 사람이 있는 반면, 원망과 분노를 만든 왕이 있다. 그 기준은 바로 인성과 리더십의 차이에서 나온다.

선조와 세종은 후계자 교육을 받은 왕손이다. 세종은 교육을 잘 시켰고 선조는 교육을 잘못시켜서 세종은 존경을 받고, 선조는 비난을 받는 것일까?

바로 교육방법과 환경의 차이이고, 스스로 깨달음의 차이 때문에 달라진다. 인성은 개인의 올바른 인격과 도덕을 말하지만, 준비된 인성은 대인관계를 이끌어 가는 지혜가 된다. 즉, 올바른 인성이 리더십으로 창출된다. 인성과 리더십을 결합하여 교육하는 것이 효과가 높다.

"대중의 존경을 받는 사람이 되어라."
"돈을 많이 벌어야 성공한다."
부모가 자녀에게 주문하는 두 가지 유형이다. 돈을 중시하는 부모와 돈보다 사람이 되라는 주문은 자녀가 인생의 목표 설정함에 있어서 크나큰 영향을 준다. 돈만을 좇는 사람은 인격적 공격을 받거나 대인관계에서 악덕 업자로 냉대를 받을 수 있다.

부모는 자녀가 칭찬과 존경을 받는 사람이 되기 원한다. 그럼에도 부모의 바람대로 성장하지 못하는 자녀가 의외로 많다. 누구의 잘못일까?

부모는 자신이 자녀교육을 잘했다고 생각한다. 자녀가 부모 뜻대로 따라 주지 않아서 화가 나고 속이 상한다고 말하지만, 정작 자녀의 생각이 다른 이유는 자녀교육을 잘했다는 것은 순전히 일방적인 부모의 생각이기 때문이다. 자녀가 부모의 소유물이거나 부산물이라는 인식이 자녀와 소통을 차단시키고 있다. 결국, 부모와 자녀의 생각 차이가 인성교육의 차이를 만드는 것이다.

"내가 너를 어떻게 키웠는데!"
"너를 위해 밤잠도 자지 않고 일했는데……."
사고뭉치 자녀의 특징은 말썽을 피우고 툭하면 사고를 낸다는 점이다. 부모가 원하지 않는 것만을 골라서 하거나, 말이 없고 아무런 반응도 없다. 이런 유형의 자녀들의 문제는 다름 아닌 부모에게 있다.

부모와 자녀의 생각은 다르다. 부모의 생각을 자녀도 할 것이라는 기대가 실망을 만든다. 부모가 자녀에게 실망했다는 것은 부모의 일방적 판단이다.

자녀는 부모의 역할을 주장한다.

"낳았으면 책임져야 하는 거 아니냐?"

부모에게 따지는 자녀도 있다. 자녀는 왜, 이런 행동을 하는 것일까?

자녀교육의 모순점은 자녀보다 부모에게 있는 경우가 많다. 자녀의 잘못된 행동을 질책하는 부모보다는 잘못된 행동의 원인을 대화를 통해 해결하려는 노력이 필요하다.

"어떻게 키웠는데……." 하며 원망이나 과잉보호로 인한 잘못을 자녀에게 돌리는 것은 인성교육을 포기하는 것과 같다. 더구나 부모가 공치사하는 것은 인성교육의 최악이다.

부모가 자녀에게 자신의 공치사를 강조하면 자녀와 대화가 사라지고, 대화가 없어지면 사고뭉치의 자녀가 된다. 부모의 공치사에 대한 대항이고, 부정적 행동으로 부모의 생각에 반항하는 행동이다. 인성을 강조하면서 자녀와 소통하지 않고 일방적 지시와 통제만 한다면, 인성교육은 실패하고 결국 대인관계의 리더십도 올바르게 성장하지 못한다.

자신을 낮추고 상대를 높이는 배려는 친구 관계, 대인관계를 이끌어 가는 리더십으로 성장한다. 부모가 공치사를 할 때, 자녀는 공치

사하는 습관에 따라서 친구와 대인관계에서 스스로를 공치사함으로
써 리더십을 얻지 못하게 된다.

인성교육은
생활교육이다

　생활에서 보고 듣고 말하는 모든 것이 인성교육의 기본이다. 인성을 가르치기 위한 별도의 과정을 실시하는 것보다 생활에서의 활동을 통해 자연스럽게 인성의 도덕과 인격을 학습시키는 교육방법이 필요하다.

　부모의 말과 행동을 보고 자녀는 성장한다.

　"성격이 아빠를 닮았어!"

　"아니지, 행동이 엄마 닮았어!"

　부모의 습관이 그대로 자녀의 습관이 되는 경우가 많다. 습관적인 행동은 타고나는 것보다 생후 보고 듣고 자라는 경우가 많다. '엄마를 보면 딸을 알 수 있다'는 말은 엄마의 성격과 습관, 심지어 습관까지 아이가 자라는 동안 생활 속에서 보고 듣고 자랐기 때문이다.

　"앞으로 가라니까?"

　옆으로 가는 것이 앞으로 가는 것과 같은 게를 보고, 무조건 앞으로 가라는 것은 모순이다. 다리 구조가 옆으로 가도록 되어 있는데 사람처럼 앞으로 가라고 주문하는 것은 마치 어려서 길들여진 습관을 갑자기 고치라고 하는 것과 같다. 즉, 어려서 길들여진 습관은 옆으로 가도록 되어 있는 게 다리와도 같다.

인성교육은 보고 듣는 순간에서부터 시작된다.
"어린애가 뭘 안다고 야단을 쳐요?"
어리다고 잘못된 습관을 묵인하는 것은 잘못된 인성교육이다.
젓가락질을 처음부터 잘하는 아이는 없으며, 신체적 구조에 이상이 없다면 처음부터 걸음을 잘 걷는 아이도 없다.
"편하게 놔둬요. 때가 되면 알아서 다 잘해요."
바른 걸음걸이나 올바른 젓가락질은 반복된 훈련으로 습득된다. 아이가 싫어한다고 해서 자유롭게 놔두는 것은 분명 방임이다. 인성교육의 실패 요인은 바로 성장하는 자녀에게 지나치게 자유를 준다는 명목으로 방임 · 방치하는 것이다.

인성교육에서
부모의 역할

| 밥상머리교육 |

영국은 전통적으로 아기가 생후 2개월 정도 지나면 식탁에 앉아 밥 먹는 습관을 키운다. 의자에 앉는 어려움을 겪는 시간이 자녀에게 생각하는 방법을 학습시키기 때문이다. 반드시 밥은 식탁에서 먹어야 한다는 원칙을 가르치는 것이야말로 인성의 도덕성과 규칙을 가르치는 것이다.

규칙은 서로 간의 약속이다. 사회생활은 규칙과 규범으로 짜여져 있으며, 양보와 미덕으로 균형을 맞추어 공존공생을 위해 노력하는 것이다. 개인적으로 시간이나 이익의 손실보다 공동체적 대의의 실천을 우선한다.

존 F. 케네디의 어머니가 실천한 밥상머리 교육은 가정의 생활교육이 성장 과정에서 얼마나 중요한가를 보여 주는 사례이다. 자녀와 부모의 대화는 서로의 생각을 나누는 동안 자녀로 하여금 더불어 살아가는 지혜를 습득시킨다. 매일 반복되어 만나는 식탁에서 대화의 소재에는 한계성이 있다. 따라서 신문이나 TV 등의 소재를 바탕으로 정보를 교류함으로써 서로의 생각을 나눌 수 있다.

학교에 적응하지 못하거나 친구 등과의 대인관계가 원만하지 못한 자녀는 대화를 통한 소통 부재가 그 원인이다. 자신의 고민을 대화로 해결하지 못하기 때문에 학교를 이탈하는 현상이 나타나는 것이다. 잘못된 행동을 그저 인성교육의 부족이라고 단정하기 전에, 잘못된 행동이 발생하지 않도록 대화를 통해 해결하는 생활 교육이 중요하다.

생활 속의 대화는 인성 소통교육이다. 더불어 살아가는 생활의 지혜는 소통을 통해 학습된다. 자신의 생각을 말하고 상대의 생각을 들어주는 주고받은 소통에서 인성의 사고력을 키운다. 올바른 행동에 대한 판단력이 대화의 소통을 통해 자연스럽게 학습되므로 가정에서 부모는 자녀가 인성교육에서 소통을 통한 판단력을 키울 수 있도록 도와야 한다.

12남매를 키웠던 과거 어머니들의 교육방식 비결은 무엇일까?

지금 어머니는 한두 명의 자녀를 키우는 것도 힘들어한다. 그런데 40년 전 가족은 대부분 9명 정도였다. 가정생활은 어려워도 가족이 많았던 이유는 농경문화 때문이다. 일을 하려면 가족이 많아야 하기 때문이다.

가끔 TV를 통해 12명의 가족을 소개할 때가 있다. 모두가 신기하듯이 보지만, 얼마 전까지 한국 가족사회의 모습이었다. 물론 12명을 부모가 모두 보살필 수는 없다. 형제끼리 업무를 분담하여 조직적으로 성장하는 동안 자녀들은 업무분담과정에서 자신의 소속감을 알게 된다.

오늘날 한두 명의 자녀는 서로가 도와주는 것조차 모르고 성장하는 경우가 많다. 12명이 서로 돕고 성장하면서 학습 받는 자존감은 한두 명의 형제에서는 나타나지 않는다. 오히려 서로가 부모로부터 인정받기 위한 경쟁을 하는 경우가 발생하기도 한다.

12명의 경쟁은 주어진 업무에 대한 경쟁이지만, 한두 명의 경쟁은 시기와 질투의 경쟁이다. 결국, 인성은 한두 명의 형제 사이에서보다는 12명의 형제 속에서 발달할 수밖에 없다. 성장 과정에서 서로가 협력해야 한다는 의식이 심어지는 것이다.

"아이들은 싸우면 자라요."

대가족의 문제점은 충돌이다. 그런데 문제가 발생하면 해결하는 방법도 형제가 찾는다. 이 과정에서 이해와 양보를 통한 배려를 자연스럽게 습득한다.

"나는 누구일까?"

철학적인 질문이 아니라, 자신에 대한 정체성의 질문으로, 청소년 기에 가장 많이 고민하는 질문이다. 자신이 누구인지, 어떤 것을 해야 하는지, 무엇을 어떻게 해야 하는지, 자신에 대한 정체성과 자존 감이 없어 자신감이 없으며 목표도 없다.

"꿈이 뭐니?"

꿈이 있냐? 라는 질문에 일부 아이들은 반문한다.

"꿈이 뭔데요?"

꿈에 대한 개념조차 없다. 자신이 누구인지를 모르기 때문에 꿈에 대한 개념조차 모르고 있다. 이런 아이들에게 인성을 요구하는 것부 터가 모순이다. 서 있을 땅이 없는 아이에게 밟고 일어서라는 주문은 잘못이다. 가정에서 자신의 위치가 없다면 정체성을 찾지 못한다.

따라서 부모가 자녀에게 가장 먼저 만들어 주어야 하는 것이 가족 속에 자녀의 위치이다.

"너는 우리 가족의 일원이고 미래이다!"

소속감과 정체성을 주며 자신감을 심어 주는 부모의 역할이 인성교 육의 첫걸음이다.

신사임당을 비롯한 한국의 어머니나 케네디 어머니의 자녀교육 공 통점은 자녀에게 소속감과 정체성을 심어 주었다는 점이다. 가족 간 의 대화는 정체성을 심어 주는 가장 기본적인 방법이다. 얼마나 많은 대화를 했는가보다 중요한 것은 어떻게 대화를 했는가 하는 대화법이다.

일방적인 지시는 대화가 아니다. 부모와 자녀가 가족으로 상대를 인정하는 대화여야 한다. 인성의 자존감은 가족관계에서 스스로 느껴서 얻는다.

"엄마는 너를 믿는다."

더불어 가족의 믿음은 자신의 존재감을 의식하게 만든다. 부모의 사랑은 자녀에게 자신감을 심는다. 누구로부터 인정받고 관심을 받고 있다는 것이 자녀에게는 의지할 수 있는 언덕이면서 자신감을 가지고 도전하게 만드는 발판이다. 꿈이 없다는 것은 자신감이 없다는 것이며, 자신감이 없는 이유는 자존감이 없기 때문이다. 자존감은 인성을 키우는 첫걸음이다.

인성교육에서
교사의 역할

| 교류 마당의 장 場 |

가정에서 학습 받은 소통을 다수와 교류하는 곳이 학교이고, 교사
는 교류의 마당을 만들어 준다. 교류 마당은 자연스럽게 서로의 생각
과 행동을 교류하는 공간으로서 인성 또한 자연스럽게 습득시킨다.
교사는 이러한 교류 마당이 활성화되도록 분위기를 조성하고 원활한
교류를 위해 서로를 자극시키는 역할을 한다.

"이럴 때는 어떻게 하면 될까?"
교사는 서로의 생각을 질문하고, 학생은 자신의 생각을 말하면서
상대와 비교하며 차이점을 찾아 자신이 부족하거나 잘못된 것을 스
스로 고치고 보완하도록 한다. 이처럼 올바른 인성교육은 발문 기법
으로 교육한다.

일방적인 전달교육방식에서 학생이 생각하고 질문하도록 유도하는 발문교육방식이다. 케네디 어머니가 식탁에서 서로가 읽은 신문이나 책의 내용을 설명하거나 자신의 생각을 제시하도록 하는 교육방식과도 같다.

정보교류공간은 친교 시간으로, 이를 통해 상대의 생각을 이해하도록 듣는 습관을 키울 수 있다.

| 교사와 학부모는 교류해야 한다 |

"네가 선생이야 ?"

갑자기 교실 문이 열리며, 수업하던 교사를 향하여 학부모가 달려들었다. 강의실은 난장판이 되었다. 학생들은 놀라서 소스라치고, 교사는 학부모가 잡아당기는 손에 당황했다. 이어서 지나가던 교장이 달려왔다.

"왜 이러시는 겁니까?"

"당신은 뭐야?"

"교장입니다."

교장의 만류로 학부형과 교사가 교장실로 향했다.

"이런 사람이 선생입니까?"

학부모는 교장실에서도 큰소리를 쳤다. 교장이 차분히 사건을 듣기 시작했다.

학부모의 학생은 평소에 말이 없던 학생이었지만, 담배를 피워 적발된 사건이 있었다. 교사가 학생들이 있는 교실에서 학생을 질타했던 것이 화근이었다. 학생은 담배를 피우지 않았다고 주장했지만, 친구들도 이미 그 학생이 담배를 피우고 있다는 사실을 알고 있던 참이었다. 공개적인 야단을 받은 학생이 순간 격분해서 교사에게 욕을 했고 이에 교사가 학생을 질타하자, 학생이 부모에게 교사가 자신을 폭행 했다고 하여 벌어진 사건이다.

교장은 사건의 진실을 학부형에게 전했다. 흥분했던 학부형은 사과했지만, 이미 교실에서 벌어진 사건을 되돌릴 수는 없었다.

평소에 교사와 학부모 간의 대화가 있었다면 발생하지 않았을 것이다. 교사는 부모를 대신하여 초등학교, 중학교, 고등학교의 가장 중요한 성장기를 책임지고 있다. 자녀를 소중하게 생각한다면, 일방적으로 학교에 모든 책임을 맡기는 것보다는 교사와 대화를 통해 자녀의 성장 과정을 협의하는 것이 필요하다. 인성은 부모나 교사가 단독적으로 학습시키는 것보다 교사와 부모가 협력하여 인성발달 환경을 만들어 주어야 한다.

인성은 공동체
활동에서 성장한다

독불장군
고집불통
안하무인

이 세 가지 단어의 공통점은 무엇일까?

그것은 바로 자신만을 생각하고 자기만이 최고라고 생각한다는 점
이다.

그렇다면 왜 이런 생각을 할까? 과잉보호나 개인교육이 성격이나
습관을 폐쇄적으로 만들어 타인과 소통하지 못하기 때문이다. 과잉
보호는 정신적 ·육체적으로 독자적 성격을 만든다. 상대의 도움만
을 받고 성장한 자녀는 배려와 양보에 대한 개념이 부족하여 소통하
지 못한다.

"떼를 쓴다고 해결되지 않아!"

과잉보호를 받고 자란 아이는 무조건 떼를 쓴다. 지하철에서 뛰어다니거나 큰 소리로 떠들고 소리치는 아이의 습관은 부모가 규칙을 가르치지 않았기 때문이다.

'세 살 버릇 여든까지 간다'는 속담이 말해 주듯, 성장 과정에서 길들어진 습관은 쉽게 고칠 수가 없다. 나이가 들어갈수록 습관을 고치기 어려워지므로 18세 이전에 잘못된 습관을 고쳐야 한다. 그리고 잘못된 습관을 고치려면, 그에 수반되는 고통을 이겨 내야 한다.

그렇다면 습관은 왜 생길까? 자신에게 편한 행동이 습관이 된다. 과잉보호로 주변의 도움을 받고 성장하면, 도움 없이는 아무것도 하지 못하게 된다.

"저밖에 몰라!"

대인관계에서 상대를 인정하지 못하면 고립된다. 원만한 대인관계는 인성에 중요하다. 대인관계에서 인성은 상대를 인정하고 존중하는 타협방법이고 자세이다. 이처럼 공동체 의식은 인격형성에 중요하다.

"성격 좋다!"

대인관계를 잘한다는 평가이자, 상대에 대한 이해심이 넓다는 의미이다. 하지만 때로는 감정도 없는 바보스럽다는 평가가 될 수도 있다.

"그런 소리를 듣고 괜찮아?"

"괜찮아, 그 입장이라면 나도 같을 거야."

상대방의 입장에서 생각하고 이해하거나 상대 이야기에 동요되지 않고 중심을 가지고 있다는 평가이다. 특히나 많은 형제 속에서 성장하면 상대 입장에서 생각하는 범위가 넓다. 형은 동생의 입장을 생각하고, 동생은 형의 입장을 생각하는 습관이 길들여 있기 때문이다.

"형이니 양보해야지."

"동생이니 참아야지."

형제 관계는 성장 과정에서 서로의 입장을 이해하며 자라는 동안 공동체 의식을 가지게 된다. 공동체는 상대적 관계로 형성되어 있기 때문에 관계교육이 중요하다(인성 관계교육).

이처럼 상대 관계를 통한 인성교육이 대인관계 인격형성을 만든다. 개인적 인격은 좋은데 원만한 대인관계를 이끌어 가지 못하는 이유가 대인관계훈련을 받지 못하였거나 과잉보호로 인하여 대인관계에서 배려하고 양보하는 방법을 모르는 경우이다.

부모의 역할과 형제간의 역할은 다르다. 부모가 자녀에게 이해시켜야 할 부분이 있고, 형제끼리 서로가 이해할 부분이 있다. 특히나 다투면서 성장하는 형제의 특성상, 다툼을 통해 협상법과 이해하는 법을 습득하기 때문에 자연스럽게 인격 형성에 중요한 영향을 미친다. 형제 없이 성장하면 이러한 형제 관계의 이해를 알지 못하기 때문에 대인관계에서 문제가 발생하면 회피하거나 당황하게 되어 성격이 불안전해질 수 있다.

그렇다면 한두 명의 형제 속에서 성장하는 자녀에게 공동체 의식을 심어 주는 방법은 무엇일까? 그것은 바로 창의적 체험활동이나 동아리 활동, 단체 봉사활동이다. 여러 가지 공동체 활동을 통해 서로 다른 생각과 경험, 환경과 조건에서 생각하고 행동하는 경험을 할 수 있기 때문이다.

공동체 의식은 더불어 가는 지혜이다. 자신의 생각과 상대방 생각의 차이를 파악하고 서로 협력할 수 있는 방법을 찾아가는 지혜가 사회생활에 절대적으로 필요하기 때문이다.

창의적 체험활동과
인성 발달

 부모는 자녀가 대중의 존경을 받는 사람이 되기를 바란다. 인격적으로 행동적으로 모범이 되는 사람을 존경하기 때문이다. 대중의 존경을 받는 사람은 리더십으로 평가받는다. 인도의 간디는 무저항과 비폭력으로 대중의 존경을 받았기 때문에 인도 독립에 기여할 수 있었다. 상대의 마음을 움직이는 인격은 상대를 이끌어 가는 리더십으로 창출된다.

 자녀가 타인의 존중을 받게 하려면 인격부터 가르쳐야 한다. 신사임당이 자녀교육에서 가장 중요하게 판단했던 것이 상대로부터 인격적 대우를 받게 만드는 것이었고, 이를 위해 자신이 행동으로 실천하여 성장 과정에서 보고 듣고 자라게 했던 것이다.

 학교보다 학원을 우선시하는 사회에서 인격적으로 성장하기를 기대하는 것은 잘못된 생각이다. 학원은 경쟁을 위한 시스템이다. 기술적 경쟁, 정보의 경쟁을 위한 수단과 방법을 가르치는 곳이 학원이다. 상대와의 경쟁에서 우월한 능력을 창출하기 위한 전문가의 교육을 받는 곳에서 인격 형성을 기대하는 것은 모순이다.

공동체 의식은 건설적인 학교에서 심어야 한다. 경쟁을 떠나 함께 협력하여 문제를 찾아가고 해결하는 체험과 경험을 통해 인격이 형성된다. 멘토링 시스템은 인격 형성에 중요한 창의적 체험활동이다.

창의적 체험활동은 생활기록부의 핵심내용이다. 대학입시에서 중요평가항목이면서 취업에서도 중시평가 요소이다. 왜 대학에서는 창의적 체험활동을 이토록 중요시하는 걸까?

원만한 대인관계 형성과 대중을 이끌어 가는 리더십은 사회활동의 핵심능력이다. 뛰어난 개인능력보다 중요한 것은 대인관계능력이다. 학교 내에서 활동하는 다양한 체험활동 내용은 학생생활기록부에 기록된다. 담임교사는 학생의 교내활동을 세부적으로 기록해 주고 있다.

창의적 체험활동은 자율활동, 동아리 활동, 진로활동, 봉사활동의 네 가지로 구분된다. 교사는 자율적으로 선택하는 다양한 활동에서 무엇을 어떻게 활동했으며 어떤 역할을 했는가에 대한 내용을 구체적으로 기록한다. 특히 학생이 선택한 활동을 통해 학생 간의 교류와 활동내용에서 발생하는 인간관계도 기록되기 때문에 인성의 인격적 부분을 입시에서 평가할 수 있는 것이다.

수시전형이나 취업에서 인성평가는 핵심이다. 체험활동을 통해 발생한 여러 가지 문제점을 어떻게 해결했는가, 친구 관계를 어떻게 했는가를 평가하는 과정에서 리더십도 함께 평가된다. 결국, 창의적 체험활동은 친구 간의 인간관계 형성과 활동을 이끌어 가는 리더십을 학습 받는 기회이다.

"제가 실수로 깨트렸습니다."

도자기 견학을 하면서 친구와 장난을 치다 도자기를 깨트렸을 때, 친구보다 먼저 자신이 깨트렸다고 말할 수 있는 용기는 우정이다. 비록 친구와 함께 놀다가 친구가 깨뜨렸다 하더라도 자신의 실수하고 인정하는 순간적인 판단력은 주변의 찬사를 받는다. 이를 통해 친구 관계에서 믿음이 형성되고 진정한 우정으로 발전하게 된다.

동아리 활동과
인성 발달

　동아리는 공연동아리와 비 공연동아리로 구분된다. 학창시절의 동아리 활동은 인격 형성과 소질계발, 꿈과 비전을 동시에 준비하는 과정이다.

　영국의 옥스퍼드 대학, 미국의 하버드 대학 등 세계 명문대학은 학창시절의 동아리 활동을 평가한다. 그중에서도 특히 운동 동아리 활동을 높게 평가하고 있는데, 그 이유는 무엇일까?

　학창시절 친구 관계를 평가함으로써 인성과 리더십을 평가할 수 있기 때문이다. 대학에서는 인성교육을 실시하기 어렵다. 고등학교 과정까지 인성이 형성되어 대학에 오기 때문이다. 따라서 대학은 인성이 갖추어진 학생을 선발할 수밖에 없으며, 동아리 활동의 확인을 통해 구체적인 인성을 평가한다.

　그 가운데 운동 동아리는 팀워크가 중요하기 때문에 회원 간의 협동과 배려에 의한 팀 정신을 평가한다. 원만한 친구 관계를 유지하므로 게임에서 호흡을 맞추어 경기에서 이길 수 있기 때문이다.

학교 교육은 원만한 사회활동을 위해 필요한 학습마당이다.

학교는 지식을 주입시키는 것보다 사회와 국가에 필요한 인재로 키우는 것이 목적이다. 평가 위주 교육으로 인성교육이 부족했으나, 창의적 체험 ,및 다양한 동아리 활동으로 인격과 리더십을 학습할 수 있다.

그렇다면 동아리 활동이 인성과 리더십교육에 중요한 이유는 무엇일까?

그것은 바로 멘토링 학습방법에 의하여 동아리 활동이 활성화되기 때문이다. 멘토링은 교사와 선배가 멘토가 되어 정보와 경험을 제공하는 것을 말한다. 서로가 멘토와 멘티가 되어 서로 협력하는 관계이기 때문에 인성과 리더십을 동시에 학습하게 된다.

이뿐만이 아니다. 성장 과정에서 멘토는 꿈과 비전을 준비하는 데 길잡이역할을 한다. 선천적인 끼를 꿈으로 키우는 과정에서 멘토는 끼를 자극시키는 역할과 더불어 인격을 형성시키는 역할을 하기 때문이다.

봉사활동과 인성 발달

"감사합니다."

"고맙습니다."

상대의 도움이나 배려, 양보, 도움을 받았을 때 표현하는 말이다.

봉사는 상대에 대한 희생이다. 배려와 양보보다 희생은 나눔이다. 이러한 나눔은 정신적 · 육체적 · 정보적 · 기능적 나눔으로 구분된다. 나눔을 통해 상대와 교류하면서 만족과 보람을 느끼는 감동을 교감한다.

봉사활동은 교감을 통한 감성을 자극시키는 체험이다. 서로 다른 환경에서 자신이 경험하지 못한 사건을 통해 상대를 이해하는 기회가 봉사이다. 자신의 여건보다 열악하거나 신체적 · 정신적 · 물질적으로 부족한 사람에게 자신이 가지고 있는 능력이나 경험, 육체적 힘이나 물질적 능력을 나누면서 새로운 경험을 함으로써 사회를 이해하며 더불어 살아가는 지혜를 배운다. 봉사를 통한 인성은 더불어 살아가는 방법을 습득하는 기회이다.

1993년 Search Institute Study에 의해 조사된 자료에 의하면, 주당 2시간 이상 자원봉사 활동에 참여하는 청소년의 경우, 폭력·금연·음주·약물사용 등과 같은 행동을 보일 가능성이 약 2분의 1로 줄어든다는 결과가 있다. 2시간 정도의 자원봉사만으로도 마음을 밝게 해 주고, 자존감을 높여 주며, 타인과의 연관성을 높인다는 것이다.

더불어 미국 National Dropout Prevention Center의 조사에 의하면, 봉사교육(service learning)과 지역봉사는 그 자체로 낙제를 방지하는 강력한 도구인 것으로 나타났으며, 지역에 진정한 변화를 일으킬 수 있는 의미 있는 활동을 학급친구들과 함께하는 것은 놀라운 효과를 나타낸다고 한다.

"감동했어요."

봉사활동을 하고 나오면서 학생들이 느끼는 말이다. 나눔을 통해 새로운 것을 느낀 것이다. 그야말로 나눔을 통한 행복이다. 내게 소중한 것은 상대에게도 소중함을 알고, 내게 필요 없는 것이 상대에게는 소중할 수 있음을 깨닫는다. 나의 작은 정성이나 마음이 상대에게 절대적인 영향을 준다는 것을 느끼면서 감동에 의한 교류를 통해 나눔의 인성이 발달한다.

인성은 사람의 됨됨이지만, 됨됨이를 만드는 감성자극이 필요하다. 감성은 동물본능으로 인성을 자극시키는 중요한 요소이다. 인격형성에서 감성적 자극은 본능을 자극시키는 방법이다. 진정한 봉사는 상대를 감동시키고 봉사는 상대의 감동을 보고 감동한다. 결국, 감동은 쌍방향적 감성을 자극시키는 힘을 가지고 있다.

03
인성의
네 가지 유형

| 인성과
| **교육환경**

    유아나 유치원 과정에서 심어 주는 인성은 판단력이 없기 때문에 방향을 제시해 주어야 한다. 문제는 제시 방법의 차이이다. 지나치게 지시와 통제를 하면, 결코 제시라고 볼 수 없다. 자녀가 부모에게 의존하게 되거나 명령에 순종하고 복종하는 수직관계가 되기 때문에 성장 이후 주변의 도움이 없으면 스스로 생각하고 행동하는 자신감을 가지지 못한다.

    신사임당이나 유대인의 공통점은 제시하는 과정에서 스스로 실천을 하면서 방향을 제시하여 자녀가 보고 듣고 판단하는 과정에서 인성이 자연스럽게 발달하도록 교육환경을 조성하는 것이다. 그리고 맹모는 맹자가 스스로 생각하고 판단하도록 교육환경과 조건을 만들어 주는 역할을 했다.

    인성의 방향을 제시하는 방법에는 부모가 생활에서 교육환경을 만들어 주는 것과 여건이 부족할 경우에 주변의 교육환경을 제공해 주는 방법으로 구분된다.

| 두 가지 인성 환경 |
첫째, 부모가 직접 실천하고 따라 하도록 만드는 생활환경

둘째, 주변 환경을 보고 실천하게 만들어 주는 교육환경

생활환경이나 교육환경에 따라 인성이 학습된다. 이러한 인성을
두 가지 요소로 구분할 수 있다.

| 두 가지 인성 요소 |
첫째, 타고나는 선천적인 인성인 '성품'

둘째, 후천적인 성장 과정에서 습득되는 '인격'

인성교육은 선천적인 성품을 후천적인 교육환경에 의하여 인성으
로 만들어 가는 과정이다.

"우리 아이가 바뀌었어요!"

아이가 바뀌었다는 것은 성격이나 행동이 바뀌었다는 것으로 인성
의 변화를 의미한다.

"인사를 모르던 아이가 인사를 잘해요!"

"사람을 피해 다니던 아이가 사람을 좋아해요!"

"책을 보면 던지던 아이가 책을 봐요!"

생각과 행동을 바꾸는 방법은 올바른 인성교육이다.

"나는 할 수 없어."

부정적이거나 소극적인 아이의 공통점은 자신에 대한 자존감이 없다는 것이다.

"너도 할 수 있잖아!"

"그래, 바로 그거야!"

상담을 통해 아이들에게 자신감을 심어 주면, 인성이 급속하게 바뀌는 것을 체험할 수 있다.

인성 상담에서 가장 중요한 것은 믿음과 신뢰감 형성이다. 누군가 자신의 고민을 이해하고 같은 생각을 해 준다는 간단한 말 한마디의 진정성이 믿음과 신뢰감을 만든다. 작은 말과 행동이 아이들에게 믿음과 신뢰감을   주는 것이다.

인성 상담에서 실패하는 이유는 지나치게 아이에게 부담을 주거나 믿음과 신뢰감을 주지 못하기 때문이다. 사소한 말이나 습관을 찾아 간단하게 해결하는 방법을 찾을 때, 상담자를 아이는 믿고 신뢰한다. 무심코 지나가는 말이 아이에게 상처가 되어 인성까지 망가트릴 수 있음을 유념해야 한다.

인성에서 성격은 성품과 같이 선천적인 것으로 구분되며, 후천적인 교육환경이나 방법에 의하여 부정적 성격이 긍정적인 성격으로 바뀌는 것이다. 결국, 인성 교육환경과 교육방법이 인성을 형성하는 요인이다.

올바른 자녀교육을 위해 애썼던 동양의 신사임당, 맹모, 한석봉이나 서양의 케네디 어머니 등의 공통점은 바른 인성교육이었다. 사회생활에서 지식보다 중요한 것이 인성이라는 교육 방향은 한국인이나 유대인을 비롯한 모든 사람들이 같다.

올바른 인성교육을 위해 독서는 필수 과정이다. 책을 통해 성인들이나 성공 인의 성장 과정과 그들이 사회에서 했던 역할들을 습득할 수 있으므로 독서는 인성 발달에 중요한 요소로 작용한다. 독서를 통해 보고 들은 대로 행동하는 과정을 통해 인성이 내면적인 생각과 외면적인 행동으로 이어지게 만든다.

책 속의 주인공 성격이나 행동을 모방하며 성장할 수 있다. 공자, 맹자, 순자 등의 고서를 통해 말과 행동을 답습하는 것이다. 가령 세종대왕이나 장영실 등의 행적을 통해 대중을 위해 일을 할 때 어떤 마음의 자세를 가져야 하는가를 학습할 수 있다. 독서를 마음의 양식이라고 하는 이유가 이처럼 마음자세와 행동을 학습할 수 있기 때문이다.

인성학습은 직접적인 체험이나 경험에 의한 방법과 독서 활동을 통한 간접적인 방법으로 습득한다. 부모와 교사는 이 과정에서 학습을 위한 안내자인 동시에 보여주고 들려주는 제시 자의 역할을 수행한다.

자기 주도형
신사임당

500년 전, 신사임당은 자녀를 성공시킨 어머니로 상징된다. 아들 이이는 대학자이며 정치인으로 딸 이매 창과 아들 이 우를 문인이면서 화가로 성공시킨 교육방법은 무엇이었을까?

조선 최고의 학자이며 관료였던 율곡 이이의 어머니인 신사임당은 16세기 현모양처로서 그녀의 '사임당(師任堂)' 칭호는 고대 중국의 현모양처로 알려진 주나라 문왕의 어머니인 태임을 계승했다는 의미를 지니고 있다.

신사임당은 스스로의 삶에서 모범을 보여 준 어머니이다. 강요보다는 자연스럽게 어머니의 행동을 보고 성장하도록 하였다. 언제나 올바른 행동을 보여주며 여성이라는 굴레에 속박당하지 않고 책을 곁에서 놓지 않고 생활에서 학문을 닦는 모습을 자연스럽게 보여주는 것이 일곱 자녀들을 가르치는 방법이었다.

자신의 부모에게 효녀의 모범을 스스로 보임으로써 자녀를 가르쳤다. 그리고 항상 책을 곁에서 놓지 않았다. 자연스럽게 생활 속에서 학문을 닦는 모습을 보여 줌으로 자녀들도 따라 하도록 만드는 어머니 교육자였던 것이다.

그녀는 억압하거나 통제하지 않고 스스로 책을 읽고 효행을 함으로써 자녀들이 보고 자라도록 하였고, 생각하고 행동하는 선택권을 자녀에게 주었다. 자기 주도적 능력을 심어 주는 것이 바로 '신사임당 교육'이라 할 수 있겠다.

신사임당은 그림 · 서예 · 시에서 탁월한 재주를 발휘하였고, 성리학적 지식과 도학, 문장, 고전, 역사 지식 등에 해박하였을 뿐만 아니라, 십자수와 옷감 제작에도 능했다. 이러한 어머니를 보고 자녀들은 스스로 생각하며 어머니처럼 행동하는 방법을 습득했다고 본다.

이러한 신사임당의 행동은 비단 자녀 교육을 위한 것만이 아니었다. 그녀의 평소 배려 깊은 행실을 엿볼 수 있는 이야기가 있다.

신사임당은 자신의 그림이나 글씨를 팔지 않았다. 어느 날, 잔칫집에 초대를 받은 신사임당이 부인들과 이야기를 나누고 있었다. 갑자기 부엌에서 우왕좌왕하는 소리가 들렸다. 이유가 궁금하여 부엌으로 들어가자, 비단 치마에 국물을 쏟아 걱정하고 있는 한 부인을 보게 되었다.

"이를 어쩌지?"

형편이 어려워 빌려 입고 온 옷에 국물을 쏟아 어쩔 줄을 모르고 당황하는 여인을 보고 신사임당이 다가갔다.

"부인, 저에게 치마를 잠시 벗어 주시겠어요? 걱정하지 마시고, 제가 그림을 그려 드릴게요."

당황한 부인이 치마를 벗어 건네자, 신사임당은 붓을 들고 치마에 그림을 그리기 시작했다. 그녀가 그리는 그림은 탐스러운 포도송이로 치마에 가득 찼다. 아름다운 포도 그림에 사람들은 놀라움에 격찬을 보냈다.

"이 치마를 시장에 가지고 가서 파세요. 이것을 파시면 새 치마를 살 수 있을 것입니다."

신사임당 말처럼 치마는 비싼 가격에 팔렸고, 빌려 입은 옷을 변상할 수 있게 되었다고 한다.

이 같은 행동은 자신의 그림 솜씨를 자랑하고 보여 주기 위함이 아닌, 남을 위한 배려의 행동이었다. 이처럼 신사임당의 교육은 실천교육이다. 자녀들은 어머니의 행동을 보고 그대로 답습했다.

율곡의 사상을 보면, 곳곳에 배려의 사상이 숨어 있음을 알 수 있다. 이처럼 율곡이 스스로 상황을 판단하여 상대방의 입장에서 나눔을 실천했던 학자로 성장할 수 있었던 것은 어머니의 실천교육방식 때문이었다.

요즈음 아이들의 인성의 문제점은 스스로 자신 있게 판단하는 능력이 부족하다는 것이다. 부모를 비롯하여 주변 사람들에게 의지하고 의존하려는 생각이, 자신의 행동에 대한 책임을 느끼지 못하게 만들고 있다. 이처럼 자기 주도성이 부족한 아이들에게 올바른 인성을 심기 어렵다.

스스로 생각하고 행동하는 아이로 키울 때, 비로소 인성도 올바르게 성장한다. 40대 나이에도 부모의 도움을 받는 자녀의 문제 원인은 다름 아닌 부모에게 있다. 자기 주도적으로 자립심을 심어 주지 않고 부모에게 모든 것을 의지하도록 훈련 시켰기 때문이다. 자기 주도성을 키우지 못하면 평생을 부모에게 의지하게 된다.

인성교육에서 중요한 것은 신사임당처럼 강압적인 방법이 아니라 스스로 깨닫게 만드는 교육방법이다. 올바른 인성도 깨달음에서 나온다.

부모 도움 형
한석봉 모

　3세에 아버지를 여인 한석봉에게 어머니는 유일한 대화 상대자이자, 좋은 멘토였다.

　한석봉은 가난한 집안 형편 탓에 서당을 다닐 수 없었고 먹과 종이도 살 수가 없어, 손에 물을 찍어서 항아리나 돌 위에 글씨 연습을 하였다. 매일 꾸준히 연습을 하여 글 쓰는 솜씨가 차츰 나아지자, 마을 사람들로부터 칭찬을 받았다.

　어머니는 그런 한석봉을 유명한 절로 들여보내 공부를 시켰다. 한석봉의 스승인 승려는 날이 갈수록 실력이 늘어 가는 그의 글솜씨에 감탄하지 않을 수 없었다. 절에 들어간 지 4년 후, 한석봉은 어머니가 너무나도 보고 싶어서 밤에 몰래 절에서 빠져나와 집으로 찾아왔다.

　이제 더는 배울 것이 없다는 한석봉의 말에, 어머니는 한호를 불을 끈 어두운 방 안으로 들어오게 한 뒤 말했다.

　"나는 떡을 썰 테니, 너는 글을 쓰거라."

자신은 칼로 떡을 썰고 한호는 글씨를 붓으로 쓰게 하여 둘의 솜씨를 비교해 보자고 한 것이다. 불을 켜고 보니 어머니가 썬 떡은 크기나 두께가 모두 똑같아 보기가 좋았는데, 한석봉이 쓴 글씨는 서로 크기가 제각각이고 모양이 비뚤비뚤하여 보기가 흉했다.

캄캄한 밤에는 글을 쓸 수 없다. 종이와 붓만을 겨우 구별하는 어둠 속에서 똑바르게 글을 쓴다는 것은 어려운 일이다. 올바른 마음의 자세를 가지고 글을 쓰는 것보다는 마음을 쓴다는 자세가 필요하기 때문이다.

글의 아름다움은 모양보다 정성이다. 글을 통해 자신의 마음을 표현해야 한다. 글을 감상한다는 것은 글쓴이의 마음을 이해하기 위함이다.

글을 잘 쓰려면 올바른 마음 자세가 중요하다고 생각한 어머니는 한석봉이 서당에 간 지 4년 만에 배울 것이 없다고 찾아오자, 글 쓰는 자세와 마음을 보는 방법을 가르쳤다. 배우는 것에 싫증을 느낀 한석봉에게 어머니는 야단치지 않았다. 그 대신 스스로 자신이 무엇이 부족한 것을 느끼게 해 주려고 떡 썰기와 글쓰기의 경쟁을 제시하여, 평생 동안 떡을 써는 어머니의 마음과 자세를 보여주었다.

그러나 요즈음 부모는 자녀의 잘못을 지적하고 야단을 치기 때문에 자녀는 자신이 무엇을 얼마나 잘못했는가를 알지 못한다. 오히려 부모는 자녀 교육을 위해 요령을 가진 교사를 학원에서 찾아 억압적으로 교육받게 한다. 단순히 지식만을 강조하는 부모의 강압적 교육방식 때문에 자녀의 인성교육은 철저히 무시당하고 있다.

인성교육에서 부모의 역할은 올바른 스승을 찾으려는 노력이다. 한석봉 어머니는 글 쓰는 기술보다 글 쓴 자세를 가르치는 스승을 찾았다.

성공을 위해 수단과 방법을 가리지 않는 기술을 가르치는 부모의 자녀가 올바른 인성을 학습할 기회는 없다. 올바른 생각에서 도전적인 행동과 창의적 생각의 결과물이 창출된다. 이제는 입시와 취업을 위한 지식습득방법을 수단과 방법을 가리지 않는 기술교육에서 인성교육으로 바꿔야 한다.

대입과 취업에서 인성평가는 기본이다.

그렇다면 대입과 취업에서 인성을 가장 중요하게 평가하는 이유는 무엇일까? 수단과 방법에 의하여 지식을 습득한 학생이나 사원은 대학이 필요로 하는 창의적 사고를 가진 학생이 될 수 없고, 기업에서는 원만한 대인관계를 이끌어 가는 인성과 리더십이 부족하기 때문이다.

대학은 지원한 학과에서 새로운 학문을 연구할 수 있는 창의적 인재를 선발해야 한다. 대학과정은 전문과정이기 때문이다. 전문학술연구 활동에서는 인성을 중요하다. 인내심을 갖춘 인격자가 상대 의견을 존중하여 팀원에 의한 다양한 아이디어를 창출할 수 있기 때문이다.

세계에서 가장 우수한 창의성을 가진 한국인이 노벨상을 수상하지 못한 가장 큰 이유가 개인교육에 치중하여 암기력만을 강조했기 때문에 사물을 관찰하는 능력이 근시적이다. 이에 비해 선진 국가는 개인능력이 떨어지지만 팀원에 의하여 자신이 보지 못하고 생각하지 못한 정보를 교류하므로 새로운 것을 찾아내는 창조력으로 나타나기 때문에 노벨상 수상자가 많다.

긍정적 인성은 단순히 원만한 대인관계만을 이끄는 리더십이 아니라, 서로 협력하여 새로운 아이디어를 창출시키는 원동력이기도 하다.

"이거 너만 먹어야 해!"

"다른 애들 주지 말고 너만 먹어"

"귀한 것이니 다른 애들 보여 주지 마!"

귀한 자녀라고 특별나게 혼자만을 강조하며 키우면, 대인관계를 이끌어 가는 방법을 모르게 되고 심하면 자녀가 고립되는 상황에 처할지도 모른다. 자신만을 생각하는 인성은 타인을 부정하여 믿음과 신뢰의 개념조차 모르는 폐쇄된 인성으로 성장시켜, 사회생활 적응 능력과 대인관계 공포증을 만들기 때문이다.

기업이 요구하는 사원은 학자가 아니라 도전하고 창조하는 긍정적이고 적극적인 사원이다. 타인을 존중하고 함께 더불어 살아가는 지혜를 가진 행동하는 사원이다. 따라서 대학과 기업은 긍정적 인성을 평가한다.

맹자는 공자의 유교 이념을 계승·발전시킨 정통 후계자이다. 그
가 공자 다음의 아성(亞聖)으로 칭송을 받게 된 이유는 무엇일까?

그것은 바로 맹자가 홀어머니 자식이라는 말을 듣지 않도록 올바른
인성을 키우기 위해 좋은 교육환경을 만들어 주었던 어머니 덕분이다.

가난했던 맹자는 어렸을 적에 공동묘지 근처로 이사를 했다. 당시
관혼상제 의식을 어릴 때부터 '예(禮)'로 가르치기도 했다. 장례 때 통
곡하는 흉내를 내면서 노는 맹자를 보며 미래가 걱정되었던 맹모는
이사를 결정했다.

그리고 세상의 이치보다 사람 관계를 알아야 한다고 생각하여 시장
근처로 이사를 했다. 이번에는 맹자가 장사꾼 흉내를 내며 놀자, 장
사꾼보다는 지식을 알아야 한다고 판단하여 이사를 했다.

세 번째 이사를 한 곳은 서당 근처였다. 매일같이 들려오는 책 읽
는 소리를 들으며 맹자는 글공부를 하였다. 맹모는 그때야 이사를 잘

왔다고 판단하였다.

"어떻게 세상을 살아가는 지혜를 가르칠까?"

이사 가는 곳에서 벌어지는 맹자의 행동을 보고 맹모는 생각했다. 공동묘지에서 예를 배웠다면, 시장에서 대인관계를 배웠고, 서당에서 지식을 배웠던 맹자는 공자의 정통유학을 계승·발전시켜 공자 다음의 인물이 되었다. 맹모의 인성교육이 맹자의 인격과 품성, 리더십으로 발전했던 것이다.

세 번의 이사를 통해 맹모가 생각했던 것은 올바른 인성이었다. 세상을 보는 이치와 대중과 어울리는 인간성, 세상을 살아가는 지혜를 배우도록 하면서 무엇보다 인내력이 중요하다고 생각했던 것이다. 인성교육이 내면적 인격형성보다 외면적 행동이 강조되는 것은 잘못된 교육이다.

무덤에서 시장으로, 다시 학당으로 이사를 했던 맹모는 세상 살아가는 지혜를 사회친화형으로 키우기 위함이었다. 더불어 살아가는 방법은 상대의 입장에서 생각하고 행동하는 것이다. 생활환경에서 보고 듣는 경험을 통해 살아가는 지혜를 자연스럽게 학습시키는 방법이다.

기억은 보고 들은 것과 체험이나 경험에 의해 기록된다. 뇌는 기억된 정보를 저장하여 필요할 때 기록된 유사정보를 연계하여 생각으로 창출된다. 다양한 분야의 사람들과 만나는 기회를 만들어 주는 것은 사회친화형으로 키우려는 부모의 마음이다.

"누가 이렇게 시켰니?"

어린아이가 어른의 흉내를 내는 경우에 주변 사람들은 궁금하기도 하고 신기하여 물어보곤 한다. 그러나 아이는 그저 자신의 성장 과정에서 보고 들은 대로 말하고 행동할 뿐이다.

"아빠가 그렇게 하는 거 봤어요."

대개는 부모의 말과 행동을 보고 따라 한다. 믿고 의지하는 부모의 말과 행동을 따라 배워야 한다고 생각하기 때문이다. 직선적으로 말하는 아이의 말과 행동 때문에 주변 사람들이 모이면 긴장하는 경우도 있다. 무심코 말하고 행동하는 것이 다른 사람들에게 오해를 만들 수도 있고, 부모의 내면이 들통 날 수도 있기 때문이다.

과거에 행해지던 전통 가운데 중학교를 들어갈 나이가 되면 친구 간에 서로 자식을 바꾸어 키우는 전통이 있었다. 특히 일본에서는 이런 경우가 흔했다.

초등학생 시절까지는 부모의 철저한 보호가 필요하나, 중학생이 되면 스스로 판단할 능력이 어느 정도 생긴다. 새로운 환경에 적응하는 사회적응력이 필요한 시기에 친구 간에 서로 자녀를 바꾸어 냉정하게 사회 적응력를 키우기 위한 풍습이다.

맹모는 자신이 맹자에게 가르쳐 줄 능력이 부족함을 느끼고 생활환경을 바꾸어 가면서 스스로 느끼게 만들었다. 성장 과정에서 생활환경이 중요하다고 판단했기 때문이다.

'강남'이라고 하면 강남어머니가 먼저 연상되는 이유도 맹모와 같이 생활환경, 교육환경이 중요하기 때문에 나타난 현상이다. 서당이 많은 곳의 아이들은 책과 생활하기 때문에, 책을 들고 있지 않으면 다른 아이들과 어울릴 수 없는 환경을 만들어 주는 것이다.

'과유불급(過猶不及)'이라 하여 '과하면 모자란 만 못하다'는 옛말이 있다. 실제로도 자녀교육을 지나치게 몰아가면 모자란 만 못한 경우가 많다. 그래서인지 강남 아이들은 불행하다는 평가도 있다.

하루 3개에서 5개의 학원을 다녀야 하니, 학원 앞에 부모가 차로 대기하고 있다. 1970년대 아이들보다 2010년대 아이들이 신장이 10㎝ 이상 크다. 신장은 커졌는데 체력이 약해졌고, 정신적 인내력 등은 퇴보되었다. 게다가 개인별 교육에 치중하다 보니 친구 관계가 부족하여, 팀 과제를 주면 해결하지 못한다. 대입과정에서 문제는 잘 풀지만 팀 과제는 풀지 못하는 부작용이 나타났다.

사회는 문제풀이 능력보다 사회적응력과 친교를 통한 팀 과제 해결 능력을 요구하고 있다. 올바른 인성을 대학이나 기업은 평가하는 이유가 사회적응력에 의한 팀 정신이다.

한 사람의 생각보다 다수의 생각이 위험을 방지할 수 있고, 대중이 원하는 방향으로 문제를 해결할 수도 있다. 아무리 좋은 것도 혼자만 사용할 수 있다면 상품성이 없다. 누구나 편리한 사용이 가능한 상품을 개발해야 기업의 가치도 높아진다.

기업에서 다양한 체험과 경험을 가진 인성과 리더십이 준비된 사원을 선발하기 때문에 대학은 기업과 사회에 필요한 전문 인재를 육성하기 위해 선발과정에서 인성과 리더십을 갖춘 사회친화형 인재를 높게 평가할 수밖에 없다.

배려와 나눔 형
케네디 모

'콩 한 쪽도 나눠 먹자'는 옛말이 있다. 60년대 한국가정은 대개 6명에서 10명의 형제가 자랐다. 가난했지만 형제간의 우애는 컸다. 서로가 배고픔에도 형제간 나눠 먹으며 불만도 없었다. 서로가 도와주며 부모가 일 나가 빈자리를 형제간에 도우며 메웠다.

서로 싸우다가도 어느 사이 웃고 즐기던 대가족시대의 형제간의 우애가, 경제규모가 커지고 생활 수준이 높아진 오늘날 한국사회에서는 찾아보기 어려워졌다. 이런 가족관계가 대인 관계 형성을 위한 인성교육을 부실하게 만들었다.

생활은 윤택해지고 먹을 음식이 넘치는데 자녀들의 건강이나 정신은 피폐해져 있다. 무엇이 문제일까?

다형제 속에서 성장하는 동안 싸우면서 서로를 배려했고 나누었던 인간관계가 사라졌기 때문이다. 오로지 경쟁을 위해 한 자녀를 학원을 통해 교육하는 환경이 인간관계를 배울 수 있는 기회를 빼앗아 버

린 것이다. 형제를 통한 인성교육은 대인관계에서 배려와 양보, 상
대에 대한 이해교육이다.

"형 말 잘 들어라!"

케네디 어머니는 사회활동을 하면서 9남매를 키울 수가 없었다. 많
은 자녀에게 모두 관심을 가지고 도울 수는 없다. 자녀가 많을수록
자녀끼리 서로 돕고 의지하면 협력하는 관계를 이끌어 갈 수 있다.
그녀는 이러한 점을 이용하여 맏이를 철저히 교육시켰고, 맏이가 동
생들을 키우도록 했다. 맏이만 잘 가르치면, 동생들은 맏이를 따라
성장하도록 했다.

많은 형제들은 형이나 누나를 어머니처럼 생각하고 성장하는 경우
가 많다. 큰 형이나 누나가 어머니와 아버지가 해 주지 못하는 부분
을 도와주고 이끌어 주기 때문이다. 형제를 이끌어 가는 리더십은 사
회생활이나 조직원을 협동적으로 이끌어 가는 리더십으로 발전한다.

30여 년 전, '리더십'이라는 단어를 사용하지 않았지만, 다 형제 속
에서 성장하면서 자연스럽게 리더십을 습득하였던 것이다.

재벌 자녀들은 두 가지로 구분된다.

A형 – 비행기를 일방적으로 회항시키는 자녀

B형 – 스스로 군대를 지원하고 상속을 포기하고 자신이 원하는 분
야를 선택하는 자녀

생활수준이 높아지면서 재벌도 늘어났다. 그런데 풍요로운 생활환
경은 어려움을 모르는 무능력한 자녀로 키웠다. 부모나 주변 도우미

를 통해 성장한 자녀들은 스스로 판단하는 능력도 부족하지만, 작은 일도 피해 가거나 작은 사건에도 감정을 다스리지 못하고 집안에서 했던 응석을 사회에서도 서슴없이 행동하며 주변 사람들에게 피해를 준다. 무엇이 A형과 B형으로 구분시킨 것일까?

성장 과정의 교육환경과 방법의 차이이다. 금전 만능주의로 키우면 무능력한 자녀가 된다. 주변의 도움이 없으면 스스로 아무것도 판단하지 못하고 행동하지 못하는 무능력은 가장 고독하고 나약한 인생이다. 따라서 생활 수준이 상승할수록 자녀로 하여금 철저하게 자기 주도성을 가진 인성을 갖추도록 키워야 한다.

이에 반해 아버지 사업 상속을 포기하거나 사회에 환원하는 사례도 늘어나고 있다. 자신이 하고 싶은 일을 선택하여 자신의 인생을 스스로 만들어 보고 싶은 자녀이다. 물론 상속을 놓고 형제간에 피나는 싸움을 하는 경우가 많지만, 독립심이 있거나 인생의 목표가 있는 자녀들은 상속을 포기하고 사회에 환원하기도 한다.

배려와 나눔의 삶의 가치를 가르치면 된다. 생명의 소중함, 더불어 살아가는 공존의 자연을 관찰하며 대화를 한다. 그리고 배려와 나눔을 실천하기 전에 형제간에 친구 간에 상대방의 입장을 파악하여 이해하는 습관을 심어 주면, 사회적인 인성을 자연스럽게 습득하여 올바른 방향으로 생각하고 행동하게 된다.

또한, 자기에게 소중한 것을 나누어 줄 수 있는 마음의 여유를 키운다. 먹고 남은 음식을 나눈다면 상대는 쓰레기를 받은 듯한 느낌을 받는다. 자신에게 소중한 것을 상대에게 나누는 마음이 필요하다.

내가 소중하게 아끼던 것을 상대도 아껴 줄 것이라는 공감대를 형성하기 때문에 나눔의 소중함을 서로가 알게 된다.

"뭘 감추니?"

열심히 인형을 닦고 빗질을 하는 모습을 보고 다가갔다. 아이는 재빠르게 등 뒤로 감추었다. 등 옆으로 늘어진 머리카락을 보고 인형임을 알았다. 아이는 주인집 아이가 버린 인형을 주워서 깨끗이 목욕도 시키고 옷도 빨아 입혔다. 모른 체 돌아서면서 아이의 얼굴을 보았다. 너무도 행복한 모습이었다.

버려진 인형을 깨끗이 닦고 머리를 빗질하는 아이의 마음에는 행복이라는 작은 여유가 생겼다. 가지고 놀다 싫증이 나서 버린 아이와 버려진 인형을 소중하게 간직하는 아이, 둘 중 누가 더 행복한 아이일까?

가지고 놀다 더러워진 인형을 버린 아이에게는 인형을 닦아 새 옷을 입혀 주는 마음의 여유가 없었지만, 더러워진 인형을 목욕시키고 옷을 빨아 깨끗하게 입혀 준 아이에게는 마음의 여유를 발견할 수 있다. 이처럼 배려와 나눔은 마음의 여유를 키운다.

바둑을 비롯한 경기에서 고수와 하수의 차이는 고수는 마음의 여유가 있다는 것이고 하수는 쫓기기 때문에 여유가 없다는 것이다. 조급한 마음, 초조한 마음, 긴박한 마음 등이 생각을 좁아지게 만들어 실수를 하게 만든다.

배려와 나눔은 생각의 여유를 만들어 상대방의 입장에서 생각하고 행동하므로 주변 사람들로부터 믿음과 신뢰를 얻는다. 충분한 공부를 준비한 학생이 여유 있게 문제를 풀듯이 배려와 나눔은 생각의 여유를 통해 마음이 편안하여 스스로 행복과 만족감을 느낀다.

04
인성의
형성과 단계

│ 21세기형 새로운 가정교육
│ 격대교육

'격대교육'이란 조부모가 손자 손녀들과 함께 생활하면서 부모 대신 교육시키는 것을 말한다.

예부터 우리나라에서는 손주가 조부모 방에서 지내며 예의범절과 삶의 자세를 배우는 것이 일반적인 전통교육 방식이었다. 우리나라에서 제일 오래된 육아일기는 조선중기 선비 이문건이 쓴 『양아록』으로, 손·자녀를 키우는 할아버지의 손에 의해 쓰였다. 기대치가 높고 욕심이 많은 부모보다 눈높이 교육과 관찰에 있어서 조부모가 더 유리하다는 것을, 우리나라의 현명한 선조들은 이미 알아채고 있었던 것이다.

그런데 최근 들어 이것이 사실임이 과학적으로도 밝혀졌다. UCSD(캘리포니아대학교 샌디에이고) 연구진이 MRI 등을 통해 뇌를 연구한 결과, 노년은 새로운 것을 학습하는 데 지장이 없을뿐더러, 감정 호르몬의 영향을 덜 받아 종합적 판단력이 젊은 층보다 한층 높다는 것이다. 이에 따라 서구 선진교육에서도 격대교육은 최근에 다시 각광을 받고 있다.

　버락 오바마 대통령은 "내가 편견 없이 자랄 수 있었던 것은 모두 외할머니 덕분이었다. 할머니는 나에게 모든 것을 쏟아 부으시며, 기회를 놓치지 말라고 가르쳐 주셨다."라며 조부모에 의한 교육의 중요성을 역설하였다. 빌 게이츠 역시 "할머니와의 대화와 독서가 나를 만들었다."며 격대교육에 높은 가치를 부여했다.
　(美)미국 노스캐롤라이나 대학의 엘더교수팀은 조부모와 손자녀의 상관관계를 광범위하게 조사한 결과, 지리적으로 가까울수록, 또 자주 접촉할수록 아이의 성적과 성인이 된 후의 성취도가 높다는 사실을 알아냈다.
　독일에서는 할아버지와 할머니를 대여해 주는 서비스 사업이 성행하고 있다고 한다. 시민단체와 지방자치단체의 지원에 따라 일정한 교육을 받은 할머니, 할아버지들이 무료로 부모의 손길이 잘 안 뻗치는 아이들을 알뜰히 보살피고 있다. 다른 국가에서도 훌륭한 격대교육이 이루어진 사례가 수없이 많다.

　우리나라에서 격대교육은 전통교육의 일환으로서 거의 잊혀가다가 요즈음 다시 유치원 할머니 이야기선생님 등 이제 막 시작하고 있는 단계이다. 처음에는 아이들이 '하머니 선생 하머니 선생'하기에 무슨 소린인지 잘 몰랐었는데 알고 보니 할머니란 발음이 안 되는 아이들이 하머니 선생이라고 편히 부른 것이었다. 맞벌이 부부가 많아지면서 친정 부모나 시부모의 손에 자라는 아이들이 늘어나고 있는데 무조건 아이가 원하는 것을 다 들어주어 응석받이로 만들 것이 아니라 좀 더 재교육을 받아 부모와 서로 힘을 합해 아이의 교육에 협조하는 것이 무엇보다 중요하다.

그러나 아직 격대교육이 무엇인지조차도 모르는 사람들이 많다. 조부모님 손에 의해 자라는 아이들이 생활하는 동안 몸에 자연스레 익히는 교육이라 하면 쉽게 이해할 수 있을 것이다.

점차 맞벌이가 많아지면서 조부모에게 맡겨지는 아이들이 많아지면서 현대식 교육을 받은 아이의 부모와 과거 자식을 키웠던 조부모의 교육과는 키우는 방식에서 갈등이 많이 나타난다. 그러나 젊은 부모와 조부모의 교육을 조화롭게 해나간다면, 아이들에게 분명 좋은 점이 많을 것이다. 인간관계를 비롯하여 삶을 이루어 가는 데 필요한 지혜도 전해 줄 수 있기 때문이다.

조부모는 과거의 좋은 방식은 참고하되, 부모가 채워 주지 못하는 부분을 채워 주는 역할 면에서 육아에 필요한 것은 배워야 할 것이다. 아이의 양육을 매사 내 옛날 방식만을 고집하지 말고 나만의 일방적이 아닌 부모를 돕는 조력자의 역할만으로 책임을 다하는 것이다. 부정적인 면은 개선하고 긍정적인 부분을 살려 나가며, 또 육아에 필요한 부족한 면은 교육을 통해 배워 가며 손자들을 잘 키울 수 있도록 한다.

인성교육은
평생교육이다

배움에는 끝이 없다. 인성은 체험과 경험의 배움에서 성장한다.

인격과 도덕은 생활환경에 의하여 변한다. 도덕은 평생 동안 사회생활에서 지켜야 할 기본이지만, 사회 환경이나 조건에 의하여 이중적 도덕성으로 나타날 수 있다.

"운전만 하면 폭력적으로 변해!"

평소에 온순했던 성격과 행동이 운전을 하면 공격적이고 폭력적으로 변하는 이유는 운전환경과 조건 때문이다. 집에서 온순했던 아이가 학교에만 가면 난폭한 성격으로 변하는 것도 비슷한 이유이다.

이처럼 인성은 생활환경과 조건에 의하여 변하기 때문에 평생 동안 학습해야 한다. 어려서 온순했던 아이가 성장하면서 폭력적으로 변하는 이유는 상대적 공격에 의한 방어이거나 내면적 스트레스를 표출한 것이다.

"말 없는 아이였는데······."

사건이 발생하면 평소 아이의 행동을 이야기한다. 평소에 말이 없는 아이가 폭발하면 대형사건이 되는 이유는 내면에 쌓여 있는 스트레스를 폭발시키기 때문이다. 따라서 평소 부모와 친구 간 대화를 하지 않는다면 대화를 이끌어 내야 한다.

"어릴 때는 온순했는데 왜, 저렇게 변했지?"

성격이나 행동은 환경과 조건에 의하여 변한다. 유아기에 온순했던 아이가 유치원에서 공격적으로 변하는 이유는 주변 환경과 조건 때문이다. 공격적이고 비판적인 유치원 교사나 주변 사람들로 인하여 변하는 것이다.

맹모가 세 번의 이사를 선택했던 것은 환경과 조건에 의하여 맹자가 성장하기 때문이라고 했다. 평생 동안 어떤 환경과 조건에서 살아가는가에 따라서 인성은 평생 동안 끝없이 변한다. 마음의 여유를 가지면 성격과 행동도 변하고 얼굴 표정도 변한다. 인성교육에는 시한이 없다.

"사람이 변했어!"

말썽꾸러기가 해외 봉사를 다녀오더니, 돌연 모범생으로 변했다. 부모나 교사 이야기에 관심조차 가지지 않았던 아이가 아프리카 봉사를 다녀오더니 효자에 모범생이 되는 기적이 일어났다. 말썽꾸러기가 변화된 이유는 무엇일까?

아프리카 오지의 열악한 환경에서 살아가는 사람들을 보고 자신의 환경이 우수하다는 것을 스스로 느꼈기 때문이다. 가난 속에서도 서로가 도와주는 모습을 보았거나 작은 것조차 먹지 못하고 살아가는 그들의 모습에서 자신의 생활 수준과 여건을 비교했기 때문이다.

이처럼 성격은 주변 환경과 조건에 대응하기 위해 변한다. 성격이 변하면 행동도 따라 변한다. 열악한 조건에서 적응하기 위해 성격이 변하기도 하지만, 낙도와 같은 고립된 환경에서는 폐쇄적인 성격으로 변하기도 한다.

성격은 성장 과정에서 형성되지만 평생 동안 살아가는 환경에 따라서 변한다. 환경 조성이 인성교육에서 중요하게 작용하는 것도 이 때문이다. 환경에 따라 성격은 변하고, 변화되는 성격에 따라 행동도 환경에 대응하거나 적응하기 위해 변한다.

그런 점에서 여행이 올바른 인성교육을 키우는 데 도움이 된다.

여행으로 다양한 문화를 경험하는 동안 서로 다른 문화와 전통에서 인사와 감사의 표현 방법 차이를 통해 서로 다른 생각에 대한 이해력도 커진다.

인격 형성에서 상대에 대한 이해력이 넓어졌다는 것이 바로 인성이 발달되는 과정이다.

인성에서 성품은 매너로 구분한다. 매너는 상대에 대한 배려이자 서비스이다. 여행지마다 다른 풍습에서 서로 다른 서비스를 경험한다. 문화와 풍습, 전통에 따라 다른 서비스에서 상대적인 배려와 이해를 깨닫게 되어, 여행에서 얻은 경험이 인격 형성에 긍정적인 영향을 주는 것이다.

그 가운데 여성에 대한 남성의 배려는 유럽의 전통이다. 동양에서 여성의 차별은 배려에 대한 차이이다. 이러한 동양과 서양의 문화 차이는 여행에서의 학습을 통해 극복되고, 동양 남성 또한 여성에 대한 배려를 하게 되는 것이다. 여성을 보호하는 인격이야말로 사회생활에서 진정한 매너로 평가받게 된다.

인사와 예절은 인격을 형성시키는 1단계이다.

인사는 어른에 대한 예의이고 예절이지만, 동양과 서양의 인사는 사뭇 다르다. 문화와 전통에 따라 인사 방법이 다르기 때문이다.

"반갑습니다."

서양인은 반가울 때 먼저 손을 내민다.

"감히 어른한테 손을 내밀어?"

동양 풍습에 의하면 불경죄에 해당된다.

동서양의 국경이 하나의 지구촌으로 형성되면서 인사에 대한 예절과 예의가 혼합되었다. 변하지 않는 것은 인사하는 사람의 태도와 표정이다.

A타입 – "안녕하세요?"

공손하게 인사를 하는 목소리는 밝고 웃는 표정이다.

B타입 – "안녕하세요?"

마지못해 하는 인사는 퉁명스럽고 굳어진 표정이다.

A타입의 인사를 받는 사람은 기분이 좋지만, B타입의 인사를 받은 사람은 인사를 받지 않은 것보다 기분이 나빠진다. 이처럼 인사하는 사람의 태도와 표정이 상대의 마음을 기쁘게 만든다.

인성이 외부적으로 표현되는 것은 태도와 표정이다. '인사성이 바르다'라는 칭찬은 태도와 표정에 대한 평가이다.

같은 인사이지만 상대에게 주는 느낌이 다른 것은 인사하는 방법을 어떻게 학습 받았는가에 대한 교육방법의 차이이다. 바른 자세와 밝은 표정은 마음을 표현하는 수단이자 방법이다.

올바른 인사는 상대를 바라보고 바른 자세로 웃는 표정의 예절을 갖춘 인사이다. 어려서부터 바른 예절을 갖춘 인사를 학습시킬 필요가 있다.

'백지장도 맞들면 낫다'는 유명한 속담이 있다. 얇은 종이이지만 서로 들면 편하다는 것은 역할의 나눔과 협력을 의미한다. 무겁지도 않은 종이를 맞들면 오히려 불편할 수도 있지만, 서로의 마음을 나눈다는 것이 중요하다.

인성의 2단계는 바로 나눔과 협력을 통해 서로의 이익을 창출하는 마음이다.

마음은 나눌수록 커진다. 올바른 인성은 마음이다. 서로를 이해하고 감싸 주는 마음이 사회생활에 중요하기 때문이다. 백지장을 맞들면 서로의 힘을 협력하므로 시너지 효과를 창출할 수 있다.

"도와주셔서 감사합니다."

도움을 받는 사람의 마음이다.

"함께하게 되어 감사합니다."

도움을 주게 되어 고맙다는 마음이다.

이처럼 나눔과 협력은 인성을 리더십으로 창출시켜 시너지 효과를 만든다. 그 가운데 인사는 서로의 마음을 나누는 행동이다. 인사를 하는 사람과 받는 사람은 서로의 마음을 주고받는 교류를 나눈다. 말과 행동의 일치함을 표시함으로써 서로의 믿음과 신뢰를 만들어 믿고 의지하므로 서로 협력하게 된다.

이 같은 협력은 도움을 주고받는 관계로서 시너지 효과를 낸다. A의 능력과 B의 능력을 합쳐서 C의 시너지를 창출하여 서로의 이익을 창출시키는 힘으로 나타난다. 그러면 올바른 인성은 시너지 효과를 만들어 서로의 관계를 이끌어 간다.

인성을 통한 리더십은 결국 나눔과 협력에서 창출된다. 소중한 것을 상대에게 나누면 자신이 생각하지 못한 상대의 정보를 교류할 수 있어, 협력을 통해 새로운 아이디어로 문제를 해결할 수 있다. 이제는 사회와 기업은 새로운 아이디어를 창출하는 인격자를 존중하는 시대이다.

올바른 인성을 어떻게 가르칠 것인가?
바른 인성과 나쁜 인성을 구별하는 기준은 무엇인가?
인성은 각기 다르게 성장하며 상대적 관계로 구분한다. 상대에 대한 배려와 양보, 이해와
협력 관계에서 나타나는 행동에서 인격을 구분하며 '예절과 예의가 있는가'로 평가한다.
타인에 대한 인격적 성격이나 상품과 도덕적인 예절과 예의가 평가의 기준이 된다.

인성교육의
받침대가 필요하다

　　인간은 성장하며 변한다. 성장은 신체적 성장과 정신적 성장으로 구분되는데, 인성은 정신적 성장에 속한다. 올바른 생각을 가지도록 바른 자세와 행동을 학습시키면, 올바른 인성으로 성장한다. 따라서 인성은 교육환경과 방법에 의하여 변할 수 있다. 이는 인성교육이 부족하거나 잘못된 인성이 정착되었을 경우, 바르게 이끌어 갈 수 있음을 의미한다.

　　이러한 인성교육에도 받침대가 필요하다. 나무가 곧게 뻗으려면 가지를 쳐 주고 성장 받침대를 설치해 주어야 하듯, 인성교육이 올바르게 잘 이루어질 수 있도록 배려와 나눔, 협력과 조화의 받침대를 설치해 주어야 한다.

　　또한, 흐르는 물길을 만들어 주어야 물이 넘치는 것을 예방하듯이, 인성이 흐르는 물길을 바르게 내주는 것이 교육의 방향이다. 일 년 중에 몇 번은 태풍이 오고 폭우가 쏟아진다. 가랑비에 방심하면 폭우

로 사방은 물바다가 되거나 잘 지은 집도 무너질 수 있다. 인성의 물길을 튼튼하고 깊이 만들어 주는 과정이 19세까지의 인성교육이다.

그런데 자연적으로 만들어진 물길은 폭우에 넘칠 수밖에 없다. 둑이 낮고 깊이가 낮기 때문이다. 인성의 물길은 인위적으로 깊고 높게 만들어 주어야 폭우에 대비한다. 깊고 높게 만드는 과정에서 많은 노력과 노동이 소모되듯, 인성교육에도 반복과 교정 학습이 필요하다.

동서양의 공통적 밥상교육은 자녀에게 반복적 훈련과 바른 자세교정으로 엄격한 규칙습득과정이다. 바른 자세를 하지 않으면 규칙에 따라 벌을 주었다. 올바른 인성을 위해 벌이 필요한 것이다.

"애 기를 죽이지 말아요!"

아이의 기를 죽이는 것보다 무서운 것은 부모의 방임과 방치다. 규칙을 어기면 벌을 받는다는 개념을 심어 주지 못하면, 사회생활에서 고립된다. 기를 죽이지 않기 위해 아이가 하는 대로 방치하는 부모는 오히려 자녀를 망치게 만든다.

음식점이나 전철 등에서 마음대로 뛰고 소리치는 아이에게 잘못을 지적하지 못하고 주변 사람이 야단을 친다고 싸우는 부모는 자녀교육을 포기한 사람이다. 옆으로 뻗은 가지를 쳐 주지 않고 방치하는 부모는 자녀교육보다 자신만을 생각하는 이기적인 사람이다.

부모가 포기한 자녀를 올바르게 가르치는 사회에 미래가 있다. 자녀교육을 포기했다면, 사회에서 포기한 자녀를 양성하는 제도가 있어야 미래사회를 이끌어 갈 구성원으로 성장시킬 수 있으며 미래 사회질서를 유지할 수 있다. 방임과 방치로 인한 잘못된 인성교육은 사회와 국가에서 지원하는 것이다. 사회 환경이 철저한 질서를 유지한다면, 방임과 방치로 발생하는 잘못된 행동을 예방할 수 있다.

이처럼 아이는 부모교육과 사회교육으로 성장한다. 부모가 포기한 인성교육을 사회교육으로 흡수하여 사회규범에 의하여 성장환경을 만든다. 배려와 나눔, 협동과 조화로 구성된 조직에서 자연스럽게 아이는 배려와 나눔을 실천하게 되고, 구성원과 공존하기 위해 협동과 조화를 생활화한다. 배려와 나눔, 협동과 조화는 결국 상대적 관계이다.

자녀의 미래를 생각한다면, 지나친 보호보다는 더불어 살아가는 방법을 가르쳐야 한다. 올바른 인성은 상대적 관계를 이끌어 가는 리더십이다.

배려를 통한 인성
세종대왕

"추수하고 세금을 내면 먹을 곡식이 부족합니다."

세종은 백성이 굶주림에 고통받는 모습을 보고 깊은 고민에 빠졌다. 백성의 세금으로 나라를 운영해야 하는데, 세금을 걷고 나면 백성이 굶주릴 수밖에 없기 때문이었다. 원인을 깊이 파악하니, 세금을 받는 기준이 고을마다 달랐을 뿐만 아니라 세금으로 거둔 양식이 중간에 많이 사라지는 것도 발견했다. 세종이 세금의 기준을 제시하고 철저하게 관리하는 방법을 제시하자, 백성의 원성이 수그러들었다.

세종은 백성을 먼저 생각하는 관리를 요구하고, 백성의 입장에서 잘못된 행정을 과감히 바꾸었다. 세종시대가 평화롭고 백성이 행복했던 이유는 백성의 입장에서 개혁을 하고 농기구나 농사법 등을 개발했기 때문이다.

어진 임금의 평가 기준은 백성을 배려했는가 하는 것이다. 백성을 억압하는 방법보다 백성을 배려하는 방법이 평화와 행복을 공유하는 정책이다. 백성을 통치하는 법률보다 고관대작을 관리하는 법을 맡는 임금이 태평 세대를 이끌어 가는 리더십이다.

백성을 배려하는 세종시대, 많은 백성은 나라를 위해 각자의 역할을 생각했다. 장영실은 백성을 위한 다양한 농기구를 발명했다. 세종은 노비도 출세할 수 있는 제도를 만들어 백성이 나라를 위해 일할 수 있는 기회를 제공했다. 이처럼 배려는 자신의 이익보다 상대의 이익을 제공하는 것이다.

결국, 백성을 위하여 일했던 세종은 백성으로부터 존경과 믿음과 신뢰를 한몸에 받았다. 앞서 H그룹의 총수가 새벽에 나와 공장을 돌아보며 관리하고 사원들에게 먼저 인사를 나누는 것 또한 사원을 배려하는 마음에서 나온 행동이다.

사원을 위한 배려의 행동과 인사가 회사에 대한 믿음과 신뢰로 회사의 경쟁력을 창출시키는 원동력이 되는 것이다. 배려는 말보다 행동으로 실천할 때 효과가 나타난다.

나눔을 통한 인성
빌게이츠

하버드를 중퇴한 빌게이츠는 막대한 장학금을 하버드에 기부했다. 빌게이츠는 '좋은 상품도 소비자가 없다면 사업은 성공할 수 없다'고 판단했기 때문에 많은 돈을 사회에 환원한 것이다.

세계에서 가장 많은 돈을 환원한 빌게이츠는 소비자의 믿음과 신뢰를 얻고 있다. 빌게이츠의 상품을 구매하면서 간접적으로 사회에 환원하고 있다고 생각하는 소비자도 있다.

"이왕이면!"

소비자의 구매심리는 믿음과 신뢰성이 있는 상품을 구매한다. 그래서 소비자는 기업이 사회에 많은 환원을 하는 상품을 구매하고 있다. 소비자가 많은 상품을 구매하기 때문에 빌게이츠는 이익을 축적하고 이익을 사회에 환원할 수 있는 것이다. 결국, 나눔은 순환을 이어 가는 열쇠인 셈이다.

동양과 서양의 문화는 여러 방면에서 차이가 나는데, 그중에는 나눔 문화도 있다. 동양은 소문 없이 나누는 문화이고, 서양은 공개적인 나눔으로 나눔 바자회 등이 대표적 행사이다. 그런데 이러한 나눔은 공개적인 행사로 참여자를 이끌어 가는 방법이 효과적이다.

빵집 아저씨의 말 없는 나눔이 소년에게 의사가 되어 많은 사람들에게 의술을 나누게 만들었던 것처럼 나눔은 순환으로 이어지는 바이러스와 같다.

빌게이츠의 나눔은 많은 사람들에게 도움이 되고 있다. 빌게이츠의 나눔 행동이 자라나는 아이들로 하여금 빌게이츠와 같은 인물이 되려는 꿈과 희망의 우상(Role model)이 되는 것이다.

나눔을 실천하는 사람들은 나눔을 통해 자신이 행복하다고 생각한다. 자신의 나눔으로 꿈과 희망을 가지고 살아가는 사람을 보는 행복 말이다.

협력을 통한 인성
히딩크

2002년, 상암 벌에서 울린 함성이 전 세계 축구인을 놀라게 했다.

'히딩크'라는 이름보다 '5:0 감독'이라는 별칭을 들어야 했지만, 히딩크 감독은 15개월 동안 23명의 선수 전원에게 협력과 협동을 위한 훈련을 반복했다. 필드에 들어가는 11명의 선수는 한몸이 되도록 협동을 강조했다.

당시 한국 선수들의 가장 큰 문제점은 협동이었다. 히딩크는 협동만 된다면 속전속결의 공격축구를 할 수 있다고 판단했기 때문에 선수들의 협동훈련으로 서로를 이해하고 발짓만 보고도 어디로 공을 패스해야 하는가를 서로가 알 수 있도록 훈련을 강요했다. 공격적 한국 축구는 히딩크에 의하여 만들어진 것이다.

많은 경험과 개인별 능력까지 준비된 유럽 축구팀을 이길 수 있는 방법은 조직력이었고, 이를 위한 속전속결 공격과 수비의 팀워크가 필요했다. 이 때문에 히딩크는 개인능력보다 팀원끼리의 조화를 통한 배려와 나눔의 협동력을 강조하여 4강의 신화를 만들었다.

"계급장을 떼라!"

속전속결의 공격축구를 위해 필드에서는 선후배 관계가 아니라 하나의 동지 관계로 만드는 데 많은 시간이 소요되었다. 동양의 선후배 전통을 깨트리는 일이 히딩크에게는 어려운 문제였다. 히딩크는 필드에서 선후배 호칭을 부르지 못하게 했고, 한 글자로 서로 소통하게 만들었다.

"홍!"

"성!"

속전속결을 위한 한 글자 호칭이다. 협력에는 단일 언어가 필요하며, 이는 서로가 소통하는 공통 언어이어야 한다.

원활한 가족 소통도 부모와 자녀의 틀을 깨고 하나의 가족이라는 개념일 때, 비로소 서로가 부담 없이 소통할 수 있다. 이러한 점에서 협력의 시작은 바로 '소통'이라고 할 수 있다.

대화를 통한 소통이 원활할 때, 팀원은 단결한다. 자기주장이 강한 조직이거나 개인별 능력이 지나치게 독특하면 팀원이 협력하기 어렵다. 비슷한 계층의 생각과 행동이 시너지효과를 창출한다.

협력은 융합에서 나온다. 올바른 인성은 융합적 사고를 가지고 협력한다. 자신을 낮추고 상대와 교류하는 방법이다. 서로 호흡을 조절하는 것이 융합이다. 생각을 교류하면 서로 다른 생각을 하나의 생각으로 융합하여 서로의 생각을 결합시킨 새로운 생각으로 만들어 낸다.

K고등학교는 인성을 학교 기본 교칙으로 삼아, 한국전통 풍습과 예절을 기본으로 설립되었다. 서로 마주치면 학생이나 교사는 서로 먼저 인사를 나눈다. 인사로 시작되는 학생들의 얼굴은 명랑하다. 웃는 표정으로 하루 종일 수업이 진행된다. 서로의 생각을 칭찬하면서 생각을 나누며 문제를 해결하기 때문에 한국을 대표하는 고등학교가 되었다.

　지식보다 인격을 중시하여 인사로 시작하는 학교의 모습에서 인성 교육환경의 중요성을 새삼 깨닫는다. 서로의 인격을 중시하는 자세가 서로의 생각을 존중할 뿐만 아니라 서로 다르게 생각하는 것을 교류하므로 새로운 생각을 할 수 있다.

　"어떻게 그런 생각을 했지?"

　비판보다는 비교를 통해 생각을 교류함으로써 상대의 생각을 자신의 생각으로 만들어 가는 사고력 향상은 올바른 인성에서 시작된다. 상대를 인정하는 자세는 인격이다. 이처럼 올바른 인성은 교육 효과를 더욱 드높인다.

　그런데 오늘날 우리 교육 현실은 어떠한가? 암기교육의 지나친 경쟁이 인성교육을 파괴시켰다. 상대를 경쟁의 대상으로 생각하면 비판과 멸시를 하게 되므로 인성이 피폐해진다. 결국, 교육환경과 방식이 올바른 인성교육을 할 수 있는가, 없는가의 이정표가 된다.

　대화의 소통은 협력수단이다.

　"온도 차이가 심한 계절입니다. 건강관리 잘하세요."

　문자 하나가 상대와 관계를 이끌어 가는 리더십이 된다. 문자를 주고받는 교류가 인간관계를 유지시키고, 상대에 대한 관심을 가지고 있음을 알려 주므로 관계 리더십으로 작용한다.

"어머니, 아버지, 환절기입니다. 건강관리 잘하세요."

부모에게 보내는 간단한 문자가 온종일 기분 좋게 만든다.

조화를 통한 인성
금난새

| 소리와 조화의 마술사 |

금난새는 '부드러운 카리스마를 지닌 클래식계의 거장'으로 불리는 지휘자이다. 그는 연습 도중 발생하는 단원들의 잦은 실수에도 불구하고 오랜 연습 시간 동안 찌푸린 모습 한번 보이지 않고, 실수한 단원들에게는 오히려 격려의 박수를 보내는 모습을 보인다. 그러한 그를 가리켜 사람들은 '다양한 악기를 하나의 소리로 조화롭게 만드는 마술사'라고 부르기도 한다.

"아름답다."

"가슴을 울렸다!"

100명이 넘는 오케스트라는 다양한 악기로 구성되어 있다. 관악기, 현악기, 건반악기, 타악기 등은 서로 다른 소리이지만 곡을 연주할 때 하나의 멜로디가 된다.

합창단은 테너, 베이스, 소프라노, 알토 등의 4파트이지만 서로가 어울리면 아름다운 멜로디가 된다. 남자와 여자의 높은 소리, 낮은 소리, 굵은 소리, 가는 소리 등이 한데 어우러져 아름답고 웅장하다.

악단이나 합창단은 한 사람의 지휘자를 보고 연주하고 노래한다. 크고 작고 높고 낮은 소리가 지휘자 손짓에서 만들어진다. 이처럼 서로 다른 소리가 어울리는 것이 바로 '조화'이다.

| 조화의 마당, 사회생활 |

사회생활은 조화의 마당이다. 생각하고 행동하는 것이 다른 사람들이 모여서 함께 살아가는 마당이다.

합창이나 연주를 할 때, 자신의 소리를 크게 하면 전체 하모니가 깨진다. 어떻게 다른 소리와 함께 어울릴 수 있을까를 생각하고 자신의 소리를 내는 것보다 다른 소리에 맞추어 자신의 소리를 조절하는 노력이 필요하다.

"너만이 최고다."

"너의 목소리를 내야 한다."

"강하고 크게 소리쳐라!"

자신만을 생각하고 상대를 이겨야 한다는 의식만을 강조한다면 사회생활에 적응하지 못한다. '학교 우등생이 사회 열등생'이라는 말은 지식만을 배우면 사회적응력이 뒤떨어진다는 의미이다.

가정의 조화는 형제 관계이고, 사회의 조화는 유치원 과정에서 시작하여 학교에서 학습한다. 다양한 친구와 교류하는 과정에서 조화를 이끌어 가는 방법을 학습하는 것이다.

대학과 사회는 어울리기 잘하는 사람을 선택한다. 유명대학을 졸업하고도 취업하지 못하는 이유는 무엇일까? 사회와 기업은 학자보다는 더불어 살아가는 지혜를 가진 사람을 선호한다. 학교는 사회생활에 필요한 기본지식을 배우는 곳이다. 공부가 학자를 만드는 것으로 잘못 인식되어 학교가 지식만을 배우는 곳이 되었고, 교사는 지식을 전달하는 지식전달 기술자가 되었다.

학교는 지식정보 제 공처가 아니다. 따라서 대학 입시를 위한 지식정보 제공 정소가 되어 버린 학교에 대한 인식을 바꿔야 한다. 학교는 기본지식을 바탕으로 사회에 필요한 다양한 인재를 양성하는 기회의 마당이다.

이렇게 보았을 때, 결국 학교에서 인성교육이 실패 한 이유는 학교가 지식만을 강조하고 교사가 지식전달자로 국한되었기 때문이다.

| 어울림을 배우는 인성 학습장, 학교 |

초 · 중 · 고 과정은 지식보다 사회에서 살아가는 방법을 학습 받아 미래사회인으로 준비하는 시기이다. 사회인의 역할보다는 지식만을 전달하는 교사가 되어 버린 학교 환경을 바꾸면, 올바른 인성교육이

된다.

시험문제를 족집게처럼 제시하는 교사는 유능한 교사이고 인간의 됨됨이를 가르치는 교사는 무능한 교사로 평가하는 학교 풍토를 개선하지 못하면 인성교육은 허상이다. 결국, 인성교육을 위해서는 교사의 역할을 바꿔야 한다.

학교평가 기준이 고입이나 대입 합격률로 되어 있다. 명문학교의 평가기준이다. 학교는 상급학교 진학을 위한 교도보가 아니라 성장과정에 필요한 지식과 대인관계, 더불어 살아가는 공동체 의식을 배우는 마당이고, 교사의 역할은 기본지식을 전달하면서 원만한 친구 관계를 이끌어 가도록 조정하여 사회인으로 성장하도록 한다.

교사의 역할 가운데 가장 중요한 것은 친구 관계에서 중요한 인격과 도덕을 가르치는 역할이다. 진학을 잘 시키는 교사가 유능한 교사로 평가하는 교육환경을 바꿔야 한다.

"엄마, 내 짝꿍이 맘에 안 들어!"

12년 학년마다 학우가 바뀐다. 매년 바뀌는 학우들과 새롭게 사귀면서 사회생활 방법을 학습 받는 것이다. 인성은 자연스럽게 성장하면서 스스로 습득한다. 매년 바뀌는 짝꿍과 잘 어울리는 아이가 있는 반면, 학년이 바뀔 때마다 짝꿍이 마음에 들지 않아 어려움을 겪는 아이가 있다.

"선생님, 우리 아이 짝 바꿔 주세요."

학년이 바뀔 때마다 학교를 찾아오는 학부형의 공통 문제 중의 하나가 짝을 바꿔 달라는 부탁을 하기 위해서다. 신학기가 되면 교사는 어떻게 잘 어울리는 짝을 만들어 줄까 고민한다. 키순서로 하는 경우도 있고, 남학생과 여학생을 맞추어 정하는 경우도 있다. 심각한 문제는 남학생과 여학생의 비율이 맞지 않을 경우이다.

어느 학년은 짝꿍과 잘 맞는데, 어느 학년은 짝꿍과 싸우는 경우도 있다. 싸우던 짝꿍과 한 달 정도 지나면 어느새 친한 짝꿍으로 변하는 경우가 많지만, 끝까지 앙숙처럼 지내는 경우도 있다. 그렇다면 마음에 맞는 친구와 맞지 않는 친구 관계를 어떻게 조절할 수 있을까?

졸업 후 생각나는 친구 중에 일 년 내내 싸우며 지냈던 짝꿍이 있다. 12번을 만난 짝꿍 중에서 가장 오랫동안 잊히지 않는 짝꿍이다. 서로 싸우면서도 많이 도와주었던 일들이 기억난다. 싸우면서도 서로가 짝이 되어 다른 짝들과 경쟁했던 일들이 사회생활에 도움이 되었던 것 같다.

싫어하는 사이인 줄 알면서도 짝을 만들어 주었고 끝까지 바꿔 주지 않았던 선생님의 깊은 뜻을 성인이 된 이후에 알게 되었다. 학교는 서로 다른 성격이나 습관을 가진 친구들과 어울리며 서로를 이해하는 마당이기 때문이다. 서로 다르기 때문에 조화를 이룰 수 있는 것이다.

"우리 아이 짝 바꿔 주세요."라고 찾아오는 학부형들을 설득하는 선생님은 올바른 인성교육의 방향을 알고 있기 때문이다. 결국, 조화는 배려와 나눔, 협동으로 키운다.

| 인성은 교육환경과 방법이 중요하다.

어떤 방법으로 어떻게 학습시키고 생활화시키는가에 따라 인격과 도덕성이 만들어진다.

2부에서는 인성교육의 방법과 사례를 통해 국가와 사회에 필요한 인재로 성장하는 방향을

제시한다

01
배려의 장

배려는 여유로부터 나오고, 여유는 준비된 과정에서 나온다. 다양한 경험을 통한
성취감이 여유를 만들어 상대에 대한 이해를 통한 시너지를 창출하는 긍정적 사고이다.
배려하는 마음에서 올바른 인성이 성장한다. 따라서 배려는 인성의 마당이다. 마음을
열고 함께 생각하고 행동하는 방법을 배우는 마당이다.

▌ 배려의
▌ 5요소

배려는 상대적인 것으로, 원만한 대인관계를 이끌어 가는 리더십
이다.

글로벌 시대에 대인관계는 성공과 실패를 결정짓는 중요한 요소이
다. 인성이 잘 형성된 사람이 글로벌 시대에서 높은 성공률을 자랑
하는 이유가 원활한 대인관계를 통한 소통으로 창의적인 아이디어를
창출하기 때문이다.

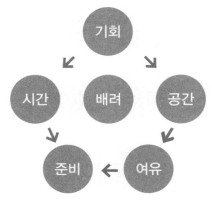

배려는 인성교육 마당이다

"브라보!"

우레와 같은 박수와 함성이 국립극장공연장을 울렸다. 전국에서 모인 청소년 오케스트라연주에 환호하는 청중이었다. 전국 농어촌희망 청소년오케스트라 KYDO(Korea Young Dream Oechestra)에 참가하는 학생들의 얼굴을 보면 꿈과 희망이 가득 차 있다.

처음 악기를 접하는 아이들은 당황하기도 하고 호기심에 가득 차 있기도 하다. 악기마다 지니고 있는 고유한 소리를 내기 위해 노력한 결과, 관악기를 부는 학생은 입술이 부르트기도 하고 바이올린을 켜는 학생은 어깻죽지가 아파서 목에 상처가 나기도 하지만 오로지 소리를 내기 위해 온 힘을 다해 반복적으로 연습을 한다.

자신이 선택한 악기를 연주하기 위해 고통을 참아 가면서 견디어 내는 힘은 정신력이다. 공부하라면 십 분도 앉아 있지 못하는 아이가 몇 시간씩 몇 달을 반복해서 연습하는 모습은 아름답다. 이렇게 혼자

연습과정을 마치면, 같은 파트와 연습을 하고 각기 다른 관악, 현악들이 모여 서로 다른 소리를 맞춘다. 상대를 보며 소리를 조절하면서 자연스럽게 배려와 양보, 협동과 조화를 배운다.

앙코르가 나오기도 전에 긴장한 학생들은 한 가지 연주가 끝날 때마다 한숨을 쉬면서 편안한 미소를 짓는다. 연주를 마치면서 느끼는 만족감과 성취감이다.

이처럼 음악과 노래, 다양한 운동게임을 통해서 학생들은 자연스럽게 대인관계를 학습하며 사회성을 키운다. 팀은 자신을 낮추고 상대와 호흡을 맞춰 가기 위한 노력이 필요하다는 것을 배운다. 연습과정에서 인내를 배웠다면, 연주과정에서는 소리를 조절하며 상대 소리에 맞춰 가는 조화를 위한 협동을 배운다. 상대의 소리에 대한 배려인 동시에, 자신의 소리를 조절하는 방법을 배우는 순간이다. 청소년기에 동아리 활동은 인내와 배려의 인성을 학습하는 기회이다.

합창이나 연주를 하면서 인성을 말하지는 않는다. 하나의 곡을 노래하고 연주하기 위한 목표를 위해 꾸준히 반복하는 연습을 통해 인내심을 키우고, 팀원과 소리를 맞추면서 양보와 조화의 방법을 배우는 동안 자연스럽게 인격이 형성되고 인성을 갖추게 된다.

인성은 다양한 요소를 가지고 있다. 첫째가 인격적인 요소이고, 둘째가 도덕적인 요소이다. 학습이나 훈련으로 인성을 키우는 방법보다 중요한 것은 자연스럽게 청소년기에 다양한 경험을 하면서 인성을 키우는 것이 좋다.

인성이 잘못되었다는 것은 청소년기에 다양한 경험을 스스로 체험하는 기회가 없었다는 것이 정확한 판단일 것이다. 성장 과정에서 대인관계를 위해 자신이 무엇을 어떻게 노력해야 하는가에 대한 방법을 배우기 때문이다.

노래와 악기 연습과정에서 자신의 능력을 키우기 위해 노력하는 과정은 참고 견디는 인내력을 자연스럽게 키운다. 스스로 선택한 창의적 체험활동이기 때문에 선택한 목표를 위해 노력하게 된다. 육체적으로 아픔을 참고 정신적으로 고통을 참고 견디는 힘이 나오기 때문이다.

"내가 해냈어!"

국립극장연주를 마치고 나오는 학생들의 얼굴에는 피곤의 기색은커녕 빨갛게 흥분되어 있는 표정으로 가득 찬다. 만족감과 성취감의 자신 있는 모습이다.

"한 번도 자신 있다는 말을 한 적이 없었는데……."

연주를 마치고 나오는 자녀를 보는 부모의 흥분된 말이다.

필리핀 시장에서 벌어진 일이다.

"너 같은 녀석은 혼나 봐야 해!"

번잡한 시장 한가운데 많은 사람들이 몰려들었다. 팔뚝을 걷어 올린 아주머니가 깡마른 아이의 가르더란 손목을 잡아당기며 소리쳤다. 아이는 아무 말도 하지 않고 때리는 매를 맞고 있었다. 이 광경을 보던 옆 가게 아저씨가 다가오며 아이를 끌어안았다.

"아주머니, 여기 돈 있으니 아이를 놔 주세요."

사람들의 시선이 아저씨로 향했다. 아이는 눈물조차 흘리지 못하고 있었다. 아저씨는 가게로 데리고 가서 자신이 팔고 있던 빵을 한 봉지 싸서 아이에게 건네며 약간의 돈도 함께 주었다. 아이는 빵 봉지를 받아들고 멍하니 아저씨를 바라보다 뒤도 돌아보지 않고 시장 끝으로 사라졌다.

그로부터 20여 년 후, 어느 날 빵집 아저씨가 쓰러졌다.

"아버지!"

딸은 아버지를 병원에 입원시켰다. 진단 결과는 그야말로 대수술이 필요할 만큼 심각했다. 엄청난 수술비를 마련해야 했다. 딸이 수술비로 고민하고 있을 때, 낭보가 들려왔다. 지인이 수술비용을 지불했다는 것이었다.

"왜 비용이 하나도 없어요?"

"다른 분이 수술비 일체를 지불해 주셨습니다."

알고 보니 병원 담당 의사가 수술비용 일체를 지불해 주었던 것이다. 담당 의사는 20년 전 시장에서 음식을 훔쳐 야단맞았던 소년이었다. 아무런 조건 없이 자신을 이해하고 빵과 돈을 주었던 아저씨의 베풂에 대한 보답이었다.

그는 20년 전 어머니가 먹고 싶어 하는 음식을 훔치다 잡혔던 것이었고, 무조건 자신을 이해하고 배려해 준 아저씨께 보답하기 위해 열심히 노력하여 의사가 되었던 것이다.

이처럼 배려는 아무 조건도 없이 상대를 이해하고 감싸주고 덮어주는 것이다. 조건 없이 믿어 주었던 아저씨에 대한 보답이 소년을 의사로 만든 것이다.

새벽부터 배급을 받기 위해 길게 늘어선 줄이 끝도 보이지 않는다. 평소보다 배급시간이 늦어지자, 모두가 초조하게 기다리고 있다. 뒤에서 기다리다 지쳐 노인이 쓰러졌다. 아무도 쓰러진 노인에게 관심을 주지 않았다. 노인을 부축하여 내 자리에 오자, 뒤에 있던 젊은이가 화를 낸다.

"순서를 지켜야지!"

마치 주먹이라도 날아올 것만 같았다.

"내 순서를 노인에게 주는 것이니 걱정하지 말아요."

몇 시간 동안 기다렸던 내 순서를 빼앗기고 말았다. 아무도 노인에게 순서조차 양보하는 사람이 없었다. 설득하려는 내 말에 모두가 외면하는 표정을 보면서, 노인이 배급을 받자 그를 부축하여 집까지 모셔다 드렸다.

힘없는 노인을 부축하고 배급을 받게 도와준 것만으로 허기진 배를 달래야 했지만, 오랫동안 노인의 웃는 모습이 떠올라 행복하다.

장거리 비행기에서 갑자기 여인이 진통을 호소했다. 주변에 있던 여인들은 서로의 옷을 벗어 주변을 가렸다. 기내 사람들은 숨을 죽이며 여인을 주시했다. 의자에서 조용히 얼굴을 무릎에 묻고 숨을 죽이고 있었다.

다행히 승객 중에 의사가 있어 여인의 출산을 도왔다. 의료도구가 없는 기내에서 승객들은 서로의 짐에서 다양한 물품을 꺼내어 출산을 도왔다.

그리고 얼마 후, 우렁찬 아이의 울음소리가 기내에 눌렸다. 그 순간 승객들의 함성과 박수 소리가 동시에 터졌다. 아무런 관계가 없는 승객들이 협력하여 새로운 생명체가 탄생하는 데 동참한 것이다.

위의 배급 사례와 비행기 사례에서 인성이 환경에서 어떻게 달라지는가를 알 수 있다. 배고픔에 시달리는 환경과 여유를 즐기는 여행 환경의 차이가 외부적인 인성의 차이로 나타난다. 인성은 대중의 분위기에 따라서 다르게 나타난다. 사회적 분위기가 조성된 곳에서는 인격적이고 도덕적인 인성이 바르게 나타난다는 것을 알 수 있다.

또 인성은 이러한 환경뿐만 아니라, 관심을 통해서도 자란다.
공부하라는 말보다 중요한 것은 공부해야 하는 동기를 심어 주는 것이다. 올바른 인성은 행동으로 보여 주는 부모와 교사의 역할이 중요하다.
급속한 경제 성장 속에서 부모는 항상 바쁘게 활동하다 보니 자녀에게 늘 바쁘게 활동하는 모습만 보여 줄 수밖에 없었고, 교육은 학교나 학원에서 습득하도록 만들었다. 학교와 학원은 지식을 전달하는 정보마당으로, 인성을 키우는 데 한계점을 가지고 있었다. 교사는 많은 학생 모두에게 관심을 주는 데 한계점이 있기 때문이다.
인성교육은 관심에서 시작된다. 모든 부모는 자녀에게 관심을 가지고 있다. 문제는 자녀의 입장에서 배려하는 관심을 가지고 있는가에 대한 차이점이다. 자녀가 무엇을 생각하고 있으며 바라고 있는가를 파악하고 스스로 생각하고 행동하도록 환경을 만들어 주는 신사임당과 같은 관심이 올바른 인성을 키운다.

대인관계로
인성을 키워라

| 상대의 생각을 이끄는 고수의 배려 |

고수는 여유 있게 생각하고 행동한다. 상대에게 배려하는 여유는 상대입장에서 생각하기 때문이다.

"한 수만 물려줘요?"

바둑을 두는 고수는 하수에게 양보도 한다. 그러나 양보는 또 다른 술수가 되기도 한다. 성격이 급하면 실수를 잘한다. 고수가 상대의 생각을 파악하고 준비하는 여유도 성격이 급하면 실수가 된다. 고수가 하수에게 양보하는 것은 배려가 아니다. 심리적 대결에서 상대의 갈등을 유발시키는 능력으로 평가된다.

고수가 되는 비결이 다양한 수를 익히며 끝까지 상대의 수를 보면서 기다리는 마음이라고 한다. 급한 성격도 바둑을 두는 순간에는 차분한 성격으로 변화한다.

"급한 성질이 다 어디 갔지?"

바둑에 몰입하면 급한 성격도 차분해지는 이유는 집중력 때문이다.

이처럼 인성교육은 대인관계를 이끌어 가는 방법을 학습시킨다. 게임이나 놀이 등을 통해 자연스럽게 인내력과 집중력을 키우면 올바른 인성도 학습된다.

인성교육은 이론이 아니므로, 이론으로 인성을 가르치는 것은 모순이다. 신사임당의 사례와 같이 행동을 실천하는 교육이 필요하다. 자녀가 좋아하는 놀이나 취미 등을 통해 함께 이해하는 시간이 올바른 인성을 키운다는 것이다. 한석봉이 더이상 배울 것이 없다고 말할 때 불을 끄고 떡 써는 솜씨와 글 쓰는 솜씨를 비교시켰듯이 행동으로 실천하는 교육으로 인성을 학습시켜야 한다. 상대를 말로 설득하는 것보다 행동으로 보여 주고 스스로 판단하게 만드는 교육이 대인관계를 이끄는 리더십을 키운다.

"상대를 의식하지 말라!"

세계 활쏘기 경기는 심리전이라고 부른다. 비슷한 기능으로 숙달되어 있기 때문에 기술보다는 심리적 안정을 유지하는 선수나 팀이 승리하기 때문이다.

그래서 활 쏘는 경기에서 심리전은 중요하다. 유능한 선수도 상대에게 심리적으로 쫓기면 실수를 한다. 어떤 환경에도 마음이 흔들리지 않는 심리훈련을 통해 선수의 집중력을 키운다.

인성은 곧 심리적 상태를 의미한다. 급한 성격, 직선적 성격이나 습관은 대인관계에서 손해를 본다. 상대가 약점을 지적하면 심리적으로 갈등한다. 바둑고수는 급한 성격에도 집중력으로 급한 성격을 억제하고 몰입하여 수를 보듯이 올바른 인성교육은 잘못된 습관적 행동을 스스로 억제하는 습관을 학습시킨다.

| 생각하도록 배려하는 질문 |

"선생님, 힌트 좀 주세요."

학창시절 시험 문제에 대한 힌트를 질문했던 기억이 있다. 누구나 경험했던 학창시절의 질문이다. 질문할 때 요령 있는 아이와 없는 아이의 차이점은 선생님의 문제에 대한 배려로 나타난다.

시험 문제 질문의 답변은 선생님의 배려이다.

"선생님, 이것이 잘 이해가 되지 않는데 시험에 나올 것 같아서요."

이전 질문에 모른 체하는 선생님은 없다. 가르쳐 주면서 시험 범위에 들어가는지에 대한 힌트까지 준다. 지혜로운 질문은 현명한 답을 얻지만, 무조건 질문하면 얻는 정보가 없다. 생각을 하도록 배려하는 질문이다.

공부하는 노력을 보이는 자세가 상대에 대한 배려가 된다. 공부 잘하는 아이가 질문도 잘한다는 것은 배려에 대한 질문하는 자세의 차이 때문이다.

혼자 생각하는 것은 혼합이고, 다수가 생각하는 것은 융합이다. 혼합은 있는 것끼리 결합시키는 것이고, 융합은 없는 것도 연계하여 시너지를 만드는 것이다.

소니사의 워크맨은 융합적 아이디어였다. 소니사 창업자 이부카 회장의 미츠로 사원에 대한 배려 리더십이 워크맨을 탄생시킨 것이다. 미치로의 제안에서 시작된 워크맨 아이디어는 팀이 조직되면서 구체화 되었다.

상대방의 생각에 대한 배려는 공감대에서 발전한다. 이부카 회장의 생각과 미츠로 사원의 공통된 생각에서 개발된 워크맨은 실패를 반복하다가, 다수의 생각에서 만들어진 소니사와 일본의 전자 기술성을 세계화 시켰다.

대화와 토론에도 배려가 중요하다. 일방적 대화는 상대에 대한 배려가 부족한 것이다. 대화를 주고받기 위해서는 상대방의 의견을 존중하는 배려가 중요하다. 반대를 위한 반대를 한다면 원활한 대화는 이뤄지기 어렵다. 상대방의 의견에 동조하면서 차이점을 풀어 가는 배려의 자세가 아이디어를 만든다.

"아하!"

놀라움과 감탄의 표시는 배려의 행동이다.

"놀라운 생각입니다."

"발상의 전환이 필요합니다."

두 가지 의견의 결과는 긍정과 부정으로 구분된다. 놀라운 생각이라는 배려는 새로운 아이디어를 창출시키지만, 발상의 전환만을 요구하면 대화나 토론은 깨지기 때문에 칭찬과 격려가 필요하다.

| 모바일 시대에 필요한 능력 |

"1억 연봉에 도전한다."

영업사원들의 구호 중 하나이다. 연봉 1억에 도전하기 위한 다양한 전략을 수립하는 영업사무실의 구호가 건물이 떠나가게 울렸다.

"고액을 왕으로 모시자!"

무엇 때문에 고객을 왕으로 모시자고 외치는 것인가? 바로 고객에 대한 배려이다. 판매되지 않는 상품이라면 이미 상품성을 상실한 것이다. 지속적인 상품성을 유지하기 위해서는 끝없이 소비자의 욕구를 듣고 변화를 이끌어 가야 한다.

삼성과 애플의 전쟁은 소비자 욕구를 충족시키는 전쟁이다. 누가 빠르게 소비자의 욕구를 충족시키는가를 위해 소비자 모니터링이 지속적으로 진행되고 있다. 소비자 모리터링의 대화를 통해 정보를 수집하여, 미래에 대비하는 상품을 소비자 욕구가 발생하기 전에 만들어 내는 아이디어를 얻기 위함이다.

어쩌면 우리는 모니터링 사회에 살고 있다. 끝없이 걸려오는 모니터링은 다양한 방법으로 진화되고 있다. 모니터링의 대가를 지불하는 형식이 미래의 모니터링 대화 방향이다.

"고객님, 당첨되셨습니다."

"고객님을 위한 초청장이 발급되었습니다."

"고객님, 할인 쿠폰을 발송해 드리겠습니다."

공짜에 약한 것이 고객이다. 사실 공짜는 없다. 모든 것은 소비자 가격에 포함되기 때문이다. 그럼에도 고객은 공짜에 민감하다. 추천이라는 시스템은 고객과 대화를 나누기 위한 상술이지만 고객은 알면서 응한다.

신시대는 모니터링을 통해 아이디어를 얻는 것이다. 모바일 문화는 다양한 모니터링을 만들었다. 기업이나 개인 모두가 모바일을 통해서 거래가 이뤄지고 있다. 모바일문화의 핵심은 신뢰이다. 신뢰감 없으면 원만한 거래가 이뤄지기 어렵다.

미래에 필요한 사람은 많은 지식을 암기한 사람보다 다양한 정보를 수집하고 분석하여 다양한 계층과 연계하여 새로운 문제 해결 아이디어를 만들어 내는 대화능력을 가진 사람이다. 아이디어는 대화에서 시작된다. 서로 다른 경험을 가진 사람끼리의 자유로운 대화에서 정보를 얻는다.

양보하는
미덕을 키워라

"할아버지, 앉으세요."

용산역은 인천이나 천안을 가는 급행이 시작되는 지점이다. 모두가 목을 내밀며 서울역 방향을 보고 있다. 전철이 들어오는 방향으로 집중되었던 시선이 전철이 다가오자 재빠르게 다가간다. 노인석과 일반석으로 구분되어 있는데도 일부 노인들은 일반석을 선호한다.

"저쪽에 자리 비어 있는데요."

젊은 사람들이 재빠르게 자리를 차지하자, 노인이 앉을 자리가 없었다. 한 젊은이가 노인석을 가리켰다.

"됐네."

노인석이 비어 있는 데도 그쪽으로 가지 않는다. 아직은 노인석에 앉고 싶지 않다는 표정이다.

어느 날은 일반석에 빈자리가 없자, 아가씨가 노인석에 자연스럽게 앉았다. 전철이 한강 철교에 들어서자 아가씨는 고개를 떨구며 눈을 감는다. 마치 깊은 잠에 빠진 것처럼 보인다.

다음 역인 노량진에서 노인들이 탔다. 노인석의 아가씨는 잠든 표정이다. 한 노인이 다가가자, 다가오는 느낌을 느꼈는지 몸을 움츠리더니 더욱 깊이 자는 척한다. 건너편에서 보고 있던 노인이 소리쳤다.

"여긴 노인석인데 젊은 것이 앉아!"

노인의 고함에 마지못해 아가씨는 자리에서 일어나 대중 속으로 모습을 감춘다.

언제부터인가 우리 사회에서 도덕관이 깨지고 있다. 양보는 못 하더라도 기본적인 도덕관념은 필요한데, 일부 사람들에 의하여 도덕성이 깨지고 있는 것은 누구 책임일까?

책임을 따지는 것이 어리석을지도 모른다. 급박한 생활 속에 도덕보다는 실리가 중요시되는 사회로 변하고 있는지도 모르겠다. 이런 문제는 국제적으로 비슷하게 나타나는 현상이다. 유럽이나 미국 사회에서는 이미 오래전에 도덕관념이 깨져 있지만 이는 그들의 문화적 차이에서 나타나는 현상으로, 도덕관념은 철저히 강조되고 있다.

사회생활에서 도덕성은 기본이다.

| 노숙인으로 변장한 면접관 |

세계적으로 취업은 가장 큰 문제가 되었다. 미국의 G그룹 총수는 기업의 미래를 이끌어 갈 신입사원의 선발에 몰두했다. 수십 년을 이

끌어 온 그룹에 필요한 창조적 인재를 어떻게 선발할 것인가?

다양한 방법으로 서류를 평가하고 면접 과정을 통해 선발된 사원 중에 믿고 키울 수 있는 자질이 준비된 사원이 보이질 않았다. 그러자 그는 면접방법을 바꾸어 보기로 했다.

회사에서 멀지 않은 정거장과 건널목이 교차하는 지점에 허름한 차림의 노숙인 모습으로 자리를 잡았다. 그리고는 면접 보러 오는 사원들이 정거장에서 내려 건너가는 길목에서 다리를 절룩거리거나 이리저리 길을 물으며 어떻게 안내를 하는가를 살폈다.

외면하거나 귀찮은 듯이 대답하고 사라지는 모습에서 한숨을 짓고 있을 때, 한 젊은이가 다가왔다.

"할아버지, 어디 편찮으세요?"

갑자기 나타난 젊은이에게 그는 절뚝거리면서 길을 물었다. 젊은이는 노인을 부축하고 길을 안내했다. 시계를 보니 면접시간이 5분 정도 남아 있었다. 시계를 보는 젊은이에게서 난감해 하는 표정이 보였지만, 친절하게 안내를 하는 자세가 회장의 마음을 흔들었다. '드디어 내가 원하는 사람이 있구나!' 하는 생각을 하며 면접 몇 분을 남겨 놓고 헤어졌다.

시간에 쫓겨 면접실에 들어선 그는 헐떡거렸다.

"128번은 늦었으니 다음 순서에 준비해요."

면접관은 불만스런 표정으로 그를 다음 순서에 대비하라고 했다. 여유를 얻고 가쁜 숨을 고른 후에 면접실에 들어갔다. 면접을 마치고 나오려는 순간, 또다시 그의 번호가 불렸다.

"128번은 다시 들어가세요."

그가 면접실로 들어가자 여사원이 안내를 했다.

"이리로 오세요."

'떨어졌구나' 하는 생각으로 따라가는 곳은 면접실이 아니었다. 안내에 따라 들어가자, 낯익은 얼굴이 기다리고 있었다. 확실하지는 않지만 낯이 익은 얼굴이었다.

"이리로 앉게. 김 비서, 차 가져와요."

가까이 다가가자 놀랐다. 조금 전까지 불편한 다리로 길을 묻던 노인이 정장 차림에 앉아 있는 것이었다.

"회장님, 차 가져왔습니다."

여비서의 말에 멍해지는 느낌이다.

"놀라게 해서 미안하네. 오늘 자네의 행동에 감동해서 불렀네."

G그룹의 총수는 면접방법을 바꾸어 사회도덕성을 가진 사원을 선발하고자 했던 것이다. 지식이나 학벌보다 중요한 것이 기업을 위해 헌신할 준비가 되어 있는 사원이었다.

경쟁시대에서 경쟁력을 창출하는 아이디어일지라도 도덕성이 없다면 살인 무기를 만든다. 기업의 상품은 다양한 소비자의 욕구를 충족시켜야 하기 때문에 기업의 순수성이 강조되고 있다. 기업의 순수성은 사회에 대한 도덕성이다.

이러한 도덕성은 가정에서부터 교육되는 것이다. 지식은 암기하는 훈련으로 습득될 수 있지만, 도덕성은 성장 과정에서 자연스럽게 습득되는 보이지 않는 정신자세이고 기본 관념이기 때문에 기업의 사원 선발기준이 되고 있다.

사람 됨됨이는 인성을 비롯한 도덕성, 사회성을 말한다. 여기에는 기본적 예의와 준법정신이 포함된다.

"양보의 미덕을 무엇이라 할까?"

누구에게 적합한 것이고 필요한 것인가를 정확하게 구분하여 다수를 위해 상대의 능력을 인정하는 것이 양보이다. 기회를 상대에게 배려하는 것으로, 공동의 이익을 추구하는 행동이다. 연장자나 약자에 대한 배려이다.

"먼저 앉으세요."

"먼저 드세요."

선택권은 어른에게 양보하고 신체적 불구자에게 양보하는 미덕이다.

지하철의 빈자리를 누가 먼저 차지하는가에 목숨을 거는 아가씨를 보면 가슴이 무너지는 느낌이 드는 이유는 무엇일까? 직장 생활에 피곤해서 앉아 가려는 몸부림이라면 이해가 가겠지만, 그런 표정이 아닐 때 냉혹해지는 사회가 두려움조차 준다.

나는 강의 시간에 학생들이나 어머니들에게 인성과 사회성에 의한 도덕성을 키워야 성공한다고 강조한다. 학생과 어머니들이 내 말에 공감하는 표정을 보일 때면, 아직은 한국사회가 병이 깊게 든 사회는 아니라는 생각이 든다. 올바른 사회인으로 키우려는 부모들의 가슴에는 인정을 가지고 양보하는 미덕으로 자녀가 성장하기를 바라는 모습이다.

기업에 필요한 사원이 암기력과 스펙이 아니라 사람의 인격을 갖춘 인성과 도덕성이라는 것을 알아야 한다. 기업을 배신하는 사원이 있다면 기업의 미래도 없기 때문이다. 기업의 비리를 만들고 기업정보를 빼내어 개인의 이익을 착복하는 사원을 예방하기 위해 인성을 평가하고 있다.

노숙인으로 변한 면접관 G그룹 총수 사건은 많은 기업의 면접방법으로 확산되고 있다. 면접실에서만 면접을 해야 한다는 고정관념도 깨지고 있다. 길거리나 식당, 게임장, 야구장, 나이트클럽 등 예기치 못한 다양한 장소가 면접장소가 되고 있다.

"어디에 써먹지?"

"주특기가 뭐지?"

"잘 만들까?

"잘 팔까?"

사원을 선발할 때 어느 부서에서 일할 능력이 있는가를 평가한다. 면접관은 어느 부서에 필요한 인재인가를 평가하기 위해 준비된 것과 보이지 않는 능력을 평가한다. 2차 산업 구조에서는 무조건 뽑아서 다양한 부서에 활동하게 만들었지만, 3차 산업구조에서는 부서에 적합한 인재를 선발하여 시간적 낭비를 최소화시키고 있다.

21세기는 정보의 바다이다. 세계 정보는 인터넷을 통해 실시간으로 수집되고 분석되어 경쟁력을 창출시키는 아이디어로 창출되고 있다. 바야흐로 누구나 아이디어를 창출할 수 있는 시대에 살고 있는 것이다. 따라서 암기를 잘하는 사원보다는 정보관리를 잘하고 시대흐름에 적응하는 사원이 필요한 시대이다.

게다가 기업 중심의 지시하고 명령하는 시스템에서 사원이 스스로 문제를 찾아내어 해결하는 사원 중심으로 이동하고 있다. 어떤 사원으로 조직되어 있는가의 조직력이 경쟁력을 창출시키는 시대이다.

눈에 보이는 만들어진 학력이나 스펙에 의한 암기력보다 조직적응력에 필요한 인성, 도덕성, 사회성, 창의성, 문제해결능력 등 보이지 않는 능력을 평가하기 위해 면접관은 노숙인, 판매원, 청소부 등의 다양한 모습으로 변장하여 평가를 하고 있다.

| 진실을 어떻게 평가할까? |

보는 관점이나 생활 방식 등의 기준에 따라서 진실의 기준도 다르다.

"여러분, 진실은 무엇이라고 생각하나요?"

학생들에게 첫마디로 진실이 무엇이냐고 질문을 던지자, 서로가 바라보면서 질문을 한다.

"애, 진실이 뭐냐고?"

"너 어제 말한 거 정말 진실이었니?"

"네가 언제 거짓말한 적 있냐?"

"저 선생님, 좀 이상하지 않니?"

"진실이 진실이지, 뭘?"

대화하는 표정이 긍정과 부정으로 구분된다. 나를 바라보는 눈빛도 긍정과 부정으로 나뉘어 빛났다.

"만약에 우리가 사는 세상이 진실하지 않다면 어떻게 될까요?"

좀 더 구체적으로 진실에 대한 질문을 하자, 부정적 표정보다는 긍정적 표정으로 걱정하는 모습이 역력했다.

'정말 우리가 사는 세상이 진실이 아니라면 어떻게 되는 거지?'

'그럼 내가 살아 있는 게 진실이 아니란 말인가?'

진실 게임은 강의 주제로 손색이 없다. 모두가 의아한 눈빛으로 서로를 바라보거나 질문을 반복하며 살아 있다는 진실을 증명하려는 모습이 뚜렷하다.

"당신의 몸은 당신 것이 아니지요?"

만약 내 몸이 내 것이 아니라면 '나는 누구인가?'라는 끝없는 질문 싸움으로 사회는 대혼란에 빠질 것이다. 내 몸은 내가 주인이라는 믿음에서 우리는 살아가고 있다. 믿음이 진실인 것이다.

내 몸에 좋다는 것을 선택해서 먹는다. 건강에 좋다는 것과 편안한 마음을 만들어 준다는 것은 같은 이치이다. 마음을 편안하게 만들어 주는 것은 웃음의 여유이다. 누군가를 위해 내가 양보를 했다는 마음은 나를 편안하게 만들어 주는 보약이다.

결국, 진실은 믿음이고, 믿음은 여유를 통한 양보에서 시작된다.

| 누군가를 위해 무엇을 양보한 경험이 있는가? |

내가 급한데 양보를 할 수 없다는 것은 동물적 본능이다. 내가 피곤한데 노인석이라고 차지해야겠다는 아가씨의 마음은 여유가 없기

때문에 반사적으로 나타나는 현상이다. 조급한 마음은 초조한 마음을 만들어 도덕이나 준법 등의 규칙을 무시하게 만든다.

학부모 강의를 마치고 질문을 가장 많이 받는 것이 자녀 성공을 위한 방법과 자녀에 대한 습관을 고치는 문제이다. 그때마다 강조하는 것은 자녀에게 양보의 미덕을 키우라는 당부이다.

아이들은 누구나 조급하다. 먼저 하고 싶은 욕망 때문에 조급한 아이도 있고, 불안감이나 초조감에 조급한 아이도 있다. 그래서 기다리는 여유를 키우는 교육은 자녀에게 무엇보다도 중요하다.

H기업의 면접관은 기다리는 여유에 대한 면접으로 미래인재상을 평가한다. 지나치게 조급한 사원은 기업에 도움이 되지 않고 조직적응력, 협동력이 떨어지기 때문이다.

성격은 성장 과정에서 습득된다. 하루아침에 성격을 바꾸기란 어렵다. 올바른 생활습관에서 올바른 성격이 형성되며 바르게 성장한다.

봉사활동은 대학교 고등학교 입학 시 수시평가의 주요 항목이다. 봉사활동을 하는 데는 뚜렷한 사명감이 필요하다. 대입이나 고입에서 봉사활동 시간보다 활동내용을 평가하는 것은 봉사활동의 진실성을 평가하기 위함이다. 대기업에서 스펙보다 어떤 봉사활동의 경험이 있냐고 질문하는 것도 마찬가지이다.

피곤해도 남에게 기쁨을 줄 수 있다는 양보의 미덕이 희생정신을 만들기 때문에 고입, 대입, 취업에서는 성장 과정에서 어떤 양보의 경험을 했는가에 대한 구체적인 진실을 평가하는 것이다.

배려와 양보의
습관을 키워라

| 양보의 미덕을 가르쳐라 |

아이를 키우다 보면 형제가 서로 가지겠다고 다투는 일일 종종 발생한다. 큰아이가 매번 동생에게 양보했으니, 이번만은 양보하지 않겠다고 울어 댄다.

어머니는 작은아이를 달랬다.

"이번에 형한테 양보하면 다음에 더 큰 것을 사 줄게."

어머니의 설득에 작은아이는 울음을 그쳤다.

"더 큰 것 사 줄 거지?"

형제간에 경쟁이 벌어지면 부모는 양보를 협상의 수단으로 사용한다. 아이에게 양보가 거래의 수단이 된다. 이때에는 분명하게 이것은 형 것이고 이것이 너의 것이라는 이유로 설명하는 것이 중요하다.

어릴 때 학습은 평생 간다. 양보를 미덕으로 가르치는 교육이 인성을 발달시킨다.

"지금부터는 너는 형이니 동생에게 물려주는 것이 어떠니?"

왜 양보를 해야 하는가에 대한 이해를 가르쳐야 한다. 아이에게 정당한 이유를 설명하고 이해하는 습관을 가르치는 것은 건전한 사회생활 습관을 들이게 한다. 조건부에 의하여 양보하는 습관이 형성되면, 아이는 타협과 협상으로 양보를 사용하게 된다.

"이건 위험하니까 형주고, 너는 이것을 가지고 놀면 더 재미있겠다."

가장 소중한 것을 빼앗겨 울기 시작한 아이를 달래는 방법은 양보를 통한 이해이다. 소중한 것이 어떤 것인가에 대한 이해 교육도 중요하다. 하나밖에 없는 것이 싸움의 소재가 된다. 문제는 하나밖에 없다는 것을 다양하게 있다는 것으로 이해시키는 교육이다.

"너에게 필요 없으니 양보하라."는 것보다는 "너에게 알맞은 것은 이것이다."라는 것이 양보를 통한 미덕을 가르치는 교육이다.

| 양보는 여유를 키운다 |

양보를 한다는 것은 이해를 통한 마음의 여유가 있음을 의미한다. 형제 사이의 양보는 형과 동생에 대한 입장을 이해하는 여유가 필요하다. 상대방의 입장이 되어 형이나 동생이 생각하는 상대적 배려이다.

서로의 입장이 되어 상대는 어떤 생각을 하고 있는가에 대한 마음의 여유를 키우는 것은 사회생활을 성공적으로 이끄는 비결이다. 성장

과정에서 형제간의 이해를 훈련하는 것은 원만한 친구 관계를 이끌어가는 리더십이고 되고, 사회생활을 성공으로 이끄는 비결이 된다.

조급한 마음에 네 것을 빼앗긴다는 초조함은 눈앞에 보이는 것만을 보고 반사적으로 반응함으로써 손해를 초래한다.

"멀리 봐!"

등산을 할 때나 낚시를 할 때 가까운 곳에서 경쟁하는 것보다 가까운 곳을 상대에게 양보하면, 먼 곳을 볼 수 있고 먼 곳의 고기를 볼 수 있다.

들에서 나물을 뜯을 때 눈앞에 보이는 것만 보고 뜯어 좋은 것은 보지 못하고 이것저것 잡초를 뜯게 되지만, 사방을 살펴보고 뜯으면 좋은 것을 골라서 뜯게 된다.

사자 등의 맹수는 높은 곳에서 먼 곳을 보고 사냥을 준비한다. 들판을 양보하고 높은 곳에서 여러 동물의 움직임을 보는 여유를 즐긴다. 여유 있게 관찰한 다음에 공격할 동물을 선택한다.

양보하면 급한 마음이 사라진다. 급하면 보는 시야가 좁아지지만, 여유가 있으면 넓은 지역을 볼 수 있다. 마음이 급하면 생각이 좁아지지만, 여유는 생각을 넓고 깊게 만든다.

이는 시험을 볼 때도 적용된다. 문제를 틀리는 아이는 급하게 풀기 때문이다. 암기된 하나의 답을 쓰는 아이는 급하게 답을 쓰지만, 다양한 해답을 쓰는 아이는 전체 문제를 읽고 문제가 요구하는 정확한 방향을 제시할 수 있다.

| 통 큰 양보는 전략이다 |

　자신의 권리와 이익 싸움으로 진흙탕이 되는 정치계에서 가끔씩 '통 큰 양보'라는 말들이 유행처럼 사용된다. 마치 상대에 대한 배려처럼 포장되는 것이 사실은 보이지 않는 모사꾼의 전략이다.

　"통 큰 양보를 했습니다."

　양보를 전략의 수단으로 삼는 것은 정치가들의 행태이다. 하나를 양보한다면 반드시 보이지 않는 거래가 있다.

　"이곳을 양보하면 다른 영역을 주겠다."

　거리의 싸움꾼들이 서로의 영역 싸움에서 흔히 거래하는 양보이다. 서로에게 유리한 영역을 차지하기 위해 양보를 통해서 주도권을 거래하는 수단이 된다.

　위에서 양보는 손해가 아닌 이익을 목적으로 하는 전략이다. 배팅처럼 치고 빠지거나 치고 밀고 나가는 것이다. 양보가 배팅 방법으로 사용되는 것은 인류 역사와 비례한다. 2차 대전에서도 영국과 미국은 전투지역을 서로 양보하듯이 나누어 자국의 희생을 최소화했다. 유행처럼 번지는 배팅이 마치 양보처럼 보인다.

　"이번에는 네가 배팅해. 내가 양보했다."

　배팅은 일종의 투기이고 모험이지만, 마치 기회를 양보하듯 한다. 사전 정보에 의해 승부가 없거나 가치가 없을 때 고수가 선수를 치는 전략이 다. 승산이 없는 결투는 빠지는 것이 최선이고, 대타를 투입하는 것이 전략이다.

　자리를 양보하는 것과 기회를 양보하는 것은 다르다. 자리 양보는 권리를 양보하는 것이고, 기회 양보는 거래 수단이다.

양보의 미덕은 자리 양보와 같이 권리를 양보하는 것으로 일부 기회도 포함하고 있어 이를 전략으로 이용하는 경우가 빈번하다. 기획적 양보는 비열하다는 의미로 사용되기도 한다.

"네가 봤어?"

직접 눈으로 확인을 했냐는 질문이다. 땅끝을 직접 본 사람은 없다. 지구본이나 지도, 동영상으로 통해서 추측하거나 비행기를 타고 봐야만 한다. 지구는 사용가치가 있는 땅과 없는 땅으로 구분된다. 농사 등의 수확물을 얻는 농지와 사막과 같은 불모지로 구분되는 것이다.

사막에서 수확을 얻을 수 없듯이 고수가 쓸모없는 사막을 양보하듯이 하수에게 배려하는 것은 전략이다. 인생의 승패는 전략에 달려 있다. 고수가 옥토와 사막의 전체를 보고 전략을 세우듯이 전체를 보는 식견을 키워야 성공한다.

그러한 식견을 키우기 위해서는 가설이나 가상을 설정하고 전략을 구상해야 한다. 병법은 가설이나 가상에 대한 대비전략이다. A 상황에서는 어떤 대비를 할 것이고 B 상황에서는 어떤 대비를 할 것인가? 여러 가지 상황을 설정하며 반복과정으로 훈련하여 마음의 여유를 만든다.

배려는 마음의 여유에서 나타난다. 조급함과 초조, 긴장 등의 상황에서 배려는 존재하지 않는다. 고수가 하수의 생각과 행동을 파악하고 대비하듯이 배려는 상대에 대한 이해가 필요하다.

관심을 주는
방법을 키워라

| "나한테는 관심이 없어요." |

학생들을 상담하다 보면, 부모가 자신에게는 관심이 없다고 답하는 경우가 많다. 아이들은 왜 부모가 자신에게 관심이 없다고 말할까?

맞벌이 부부가 많은 시대적 흐름이다. 부모가 바쁘다 보니 자녀와 대화시간이 부족하고 자녀가 무엇을 생각하고 어떤 행동을 하는가에 대한 관심이 자연히 줄어든다. 단순히 학원을 잘 다니고 학교를 다니면 자녀에게 문제가 없을 것이라고 생각한다.

그러나 자녀들은 부모의 관심을 원한다.

"왜 이런 사고를 냈지?"

때때로 자녀들은 부모의 관심을 받기 위해 사고를 치는 경우도 있다.

"내가 사고를 치면 부모님이 오실 테니까요."

오죽하면 일부러 사고를 내어 부모의 관심을 받으려고 할까?

학교생활이 원만한 학생들은 부모의 관심을 받고 성장하는 경우가 대부분이다. 부모의 관심이 자녀들의 생각과 행동에 절대적인 영향을 주고, 인성 발달의 방향이 되는 것이다.

"아니, 더 이상 내가 지들한테 뭘 해 줘야 합니까?"

사고 친 학생의 부모가 교사한테 한탄스런 넋두리를 한다.

그때마다 교사는 학생과 부모 간의 대화 창구가 되기도 한다. 학생에게는 부모를 이해하라고 말하고, 부모에게는 학생들의 흐름을 전하며 자녀를 어떻게 이해할 것인가를 주문한다.

| 부모와 자녀 간의 양보가 필요하다 |

자녀는 바쁘게 뛰어다니는 부모 입장에서 부모가 도와주지 못하는 것에 대해 스스로 해결하는 양보가 필요하고, 부모는 시대의 변화에 따라 자녀들이 경험하는 갈등을 이해하기 위한 시간적 양보가 필요하다.

부모의 관심은 대화를 나누며 함께하는 시간이다.

"관심 없어요."

관심이 없으면 보지도 않고 듣지도 않는다.

"도대체 무슨 생각을 하니?"

멍하니 있거나 다른 행동을 할 때 주변 사람들이 하는 말이다.

그렇다면 왜 관심이 없을까? 자신과 무관하다고 생각하기 때문이다. 관계를 이끌어 가는 것은 관심이다. 가족은 서로에게 관심을 가지고 있기 때문에 가까운 관계를 유지한다. 서로 보지 않는다면 관심이 사라진다.

"눈에서 멀어지면 사이도 멀어진다."

잦은 만남이 서로의 관심을 자극시킨다. 아무리 가까운 사이도 떨어져 산다면 자연히 거리감이 생기기 마련이다. 먼 친척보다 가까운 이웃이 낫다는 것은, 보고 말하는 것이 관심을 이끌어 간다는 것을 뜻한다.

"싸울수록 가까이하라."

'싸우면서 자란다'는 말처럼 싸우는 형제가 친하다. 서로를 이해하기 때문이다. 싸우는 가운데 서로를 이해하는 것이다.

"고운 정 미운 정 다 들었네."

정이란 고운 것도 미운 것도 있다는 말로, 사실 고운 것보다 미운 것이 오래도록 기억에 남는다. 이렇게 오래도록 기억에 남는 것이 바로 관심이다. 서로에게 관심을 가지는 것은 관계를 지속해 가는 수단이고 방법이다.

| "관심 좀 주세요!" |

바쁜 생활에 쫓기는 부모를 보고 아우성치는 아이들의 외침이다.
"언제 관심 주신 적이 있어요?"

무관심에 대한 아이들의 저항이다.

조금만 관심을 주었어도 사고를 치지 않았을 거라는 아이의 울부짖음이 아이를 위해 직장에 쫓기며 살았다는 아버지를 몸부림치게 한다.

관심을 주는 것이 많은 시간이 필요한 것인가? 몸부림치는 아버지와 어머니에게 묻고 싶다. 그들은 생활에 쫓기어 자식에게 관심을 줄 여력이 없었다고 항변한다. 과연 부모에게 관심을 줄 시간이 없었던 것일까?

"잘 다녀왔어?"

이 말 한마디에 아이들은 관심을 받고 있다고 생각한다.

언제부터인가 바쁘다는 이유만으로 관심을 거추 장스런 사치처럼 생각하는 의식이 기성세대의 문제점으로 부상했다. 굳이 말을 해야만 알아듣느냐고 반문하겠지만, 말은 많이 할수록 가까운 사이를 만든다.

시간에 쫓기어 못하고 어색해서 안 하는 사이에 아이들은 부모로부터 멀어져 간다. 몇 마디의 말을 바쁘기 때문에 못한다는 것은 핑계이다. 부모라는 권위의식이 말을 줄이게 만든 것이라고 하는 것이 정확하다.

기르는 강아지의 목덜미를 쓰다듬어 주는 시간에 사랑한다는 말은 못해도 잘하고 있냐는 질문 정도는 할 수 있다. 잔소리를 듣는 아이가 부모의 관심을 받고 자란다는 말처럼, 듣는 순간은 잔소리이지만 아이는 관심을 받고 있다는 인식 아래 성장한다.

잠자는 아이의 머리를 쓰다듬은 경험이 있는가?

아이의 귀에 대고 너를 사랑한다는 말을 한 적이 있는가?

아이는 꿈속에서도 부모의 말을 듣고 싶어 한다. 그것이 비록 잔소리일지라도 관심에서 멀어지는 것을 두려워하지는 않아도 되기 때문이다.

아이에 대한 부모의 관심은 조직원에 대한 리더의 관심에 비유할 수 있다. 리더로부터 아무런 말을 듣지 못하는 조직원은 도태되고 침체되어 무능력으로 나타난다. 이에 비해 야단맞는 직원이 승진하는 기회도 많이 얻는다. 리더와 지속적인 만남으로 관심이 이어지기 때문이다.

| 관심을 주는 부모와 리더 |

관심의 차이가 자녀의 성격에 영향을 준다.

A형 - "오늘은 뭘 배웠니?"

B형 - "오늘은 뭐가 재미있었니?"

회사에서 돌아온 아버지가 자녀를 보며 묻는 첫 질문이다. A형 인사는 부담감을 주는 공부에 대한 관심이지만, B형은 흥미에 대한 관심이다. 어떤 내용으로 소통하는가에 따라서 관심이 달라진다.

부모의 관심을 받고 성장하는 자녀가 원만한 대인관계를 형성한다. 사례처럼 B형의 긍정적인 관심은 자녀의 긍정적 성격을 만들고, A형의 부정적인 비판이나 평가의 관심은 부정적인 성격을 만든다.

관심은 사랑으로 비교된다. 부모의 관심이 사랑으로 나타나기 때문이다.

관심 없는 리더에게 충성을 바치는 조직원은 없다. 조직원에게 주는 관심의 표시는 충성된 조직을 이끌어 가는 수단이자 방법이다.

"김 대리, 자네가 이거 전문이지?"

칭찬받는 직원은 칭찬받기 위해 노력을 한다. 주목하고 있다는 상사의 말 한마디에 부하는 최선을 다해 노력하는 행동을 한다. 칭찬은 관심의 표현방법이다.

리더의 관심은 당근과 채찍으로 나타낸다. 적당하게 당근과 채찍을 사용한 방법이 리더십으로 나타난다. 지나친 칭찬은 오히려 독이 되고, 가혹한 채찍은 폐쇄적 조직을 만든다.

조직원의 특징에 따라 칭찬 내용도 달라져야 한다. 같은 칭찬을 받으면 칭찬의 진실성이 깨지기 때문이다. 각기 다른 칭찬을 하려면 평소에 관심이 중요하다. 관심 있게 살펴서 그들에게 적합한 칭찬을 해야 한다.

| 장미를 키우는 두 사람의 이야기 |

장미 파동으로 장미 값이 폭락을 했다. 한 농부는 장미 하우스의 문을 통풍시키며 물을 주면서 이렇게 말했다.

"장미야, 고맙다. 그동안 너희들 덕분에 돈도 많이 벌었다. 지금은 어려운 시기이지만 좋은 순간이 올 것이다. 사랑한다."

옆에서 장미 농원을 하는 농부는 화가 나서 하우스의 문을 당겼다.

"야, 이놈의 장미야, 이제 너희들도 소용없다."

이 말을 들은 두 농장의 장미는 전혀 다른 반응을 했다.

사랑한다는 말을 들은 장미들은 꽃잎이 싱싱해졌고 향기도 진해졌
지만, 화가 난 농부의 장미들은 시들 거리며 죽어 갔다. 식물도 관심
을 주면 반응한다는 것이다.

"시들 거리던 나뭇잎이 고개를 들었네?"

화초도 관심을 주면 싱싱하게 자란다. 매일 논밭을 찾아 관심을 주
고 사랑을 말하는 농부는 수확량이 많지만, 게으르고 칭찬할 줄 모르
는 농부는 수확도 빈약하다. 들에 피는 나무들도 자신에게 관심을 주
면 보답을 한다고 한다.

관심은 눈높이를 맞추는 것이 중요하다. 눈높이를 맞춘다는 것은
아이의 입장에서 보는 것이다. 장미의 입장에서 이해하고 필요한 물
과 햇빛 공기를 제공했기 때문에 장미가 싱싱하게 반응했듯 말이다.

고통을 나누는
방법을 가르쳐라

| 고통을 나누면 친구가 된다 |

고통을 나눈다는 것은 상대에 대한 이해와 배려이다. 고통을 나누는 경험을 하면 배려심도 생긴다.

한 노인이 초상집에 들어와 춤을 추었다.

"얼쑤!"

갑작스러운 노인의 행동에 모두가 당황했다. 노인의 돌발적 행동에 다들 그저 입을 다물고 바라만 보고 있을 뿐이었다. 춤을 추던 노인이 자리에 앉더니, 술을 한 잔 마시고 소리쳤다.

"이 뜻깊은 호상에 울상 짓지 마세요."

죽은 고인과 어릴 때부터 죽마 지우였던 노인은 90세에 떠난 친구에게 작별의 춤을 추었던 것이다. 내용을 이해하게 된 문객들의 표정이 밝아지며 모두가 입가에 작은 미소를 지었다.

같은 문제도 이해하기에 따라서 다른 생각을 한다. 비판적으로 보는 사람에게는 긍정도 없다. 비교를 하는 사람은 긍정으로 상대에 대한 이해를 통해 배려를 한다.

그러나 급박한 생활에서 상대를 이해한다는 것처럼 어려운 것은 없다. 손등과 손바닥 차이로 오해는 커진다. 상대를 이해하지 못하면 시간이 흐를수록 오해는 깊어진다.

"그건 오해라고!"

"자네 말은 믿을 수가 없어."

신뢰가 깨진 관계에서는 오해를 풀려고 애를 쓸수록 오해는 깊어간다.

고통을 나눈다는 것은 상대에 대한 이해이고 배려라고 했다. 우리는 무수히 많은 관계 속에서 해결책을 찾아야 한다. 상대에 대한 이해와 배려가 관계를 원만하게 이끌어 가는 방법이 되는 것이다.

"생각은 나눌수록 커지고 오해는 대화를 나눌수록 작아진다."

생각이 커진다는 것은 다양한 발상을 한다는 의미이고, 오해가 작아진다는 것은 소통으로 교류되고 있음을 의미한다.

공부를 잘 못하거나 관심이 없는 과목은 학생에게 고통이다. 과학은 잘하는데 수학을 못 하거나 수학은 잘하는데 과학을 잘못하는 학생은 잘하는 과목에서는 관심을 가지고 집중하지만, 관심이 없으면 집중을 하지 못해 고통스럽다. 학생의 고통은 관심 없는 과목이거나 공부이다. 이때 공부에 집중하게 만드는 방법은 흥미와 재미를 유발시켜 관심도를 높이는 것이다.

"재미있어요."

관심 있는 학생들의 공통적 답변이다.

"무엇이 재미있지?"

"그냥 재미있어요."

관심을 유발시키는 것은 흥미와 재미이다. 과학이나 수학, 국어나 사회, 역사에 대한 흥미를 이끌어 가는 방법이 교수법이다. 교과서에 나온 내용을 설명만 하면 된다는 교사와 내용을 학생 수준에 적합하게 재구성하여 전달하고자 노력하는 교사의 차이가 학생들의 흥미를 유발시키는 비결이다.

"이제 결혼했으니, 남편이고 아내이다."

결혼을 위해 서로가 노력했던 일은 과거라는 생각을 한다면, 부부관계는 법률적 관계로 이해와 배려가 존재하지 않는 형식적 부부가 된다. 잉꼬는 끝없이 서로를 비비는 노력에서 나타난다. 연애는 열정을 가지고 상대를 인정하고 배려하는 것이고 결혼은 서로의 영역을 지키기는 것이라고 생각한다면, 연애는 상대적이고 결혼은 일방적인 것이 되어 고통을 나누지 않게 된다.

'아픈 만큼 성숙해진다'는 말이 있다. 아픔이나 고통이 생각을 키우는 이유는 무엇일까? 아프고 나면 꾀가 생기고 요령이 생기는 이유는 무엇일까?

성장 과정에서 아픔이나 고통은 평소에 느끼지 못한 감정을 느끼게 만들어 생각의 크기가 커지기 때문이다. 아픔을 통해 평소의 건강이 중요하다는 것을 알게 되고 건강관리를 해야겠다는 생각을 하게 되듯 말이다.

| 아픔이나 고통을 통해 자기 주도성을 키운다 |

부모가 모든 것을 도와주고 해결해 주는 아이는 부모에게 의지하므로 스스로 문제를 해결하는 자기 주도성이 성장하지 못한다. 아픔이나 고통은 스스로 문제에 대비하는 자기 주도성을 키운다. 부모의 역할은 주변 환경에 대한 도움일 뿐이고, 자신의 몸은 스스로 관리해야 한다는 것을 느끼게 만드는 것이 아픔이고 고통이다.

의사는 약을 처방하여 치유를 도와주는 것뿐이다. 아픔과 고통은 일정한 시간이 지나야 치유된다. 아픔과 고통의 시간이 평소의 사고 방식을 바꾸게 만든다. 상대의 아픔을 이해하지 못했거나 꾀병으로 놀렸던 일들을 경험하면서 상대적인 고통을 알게 되기 때문에 성격이 바뀌는 것이다.

부모는 의사처럼 처방하는 역할이다. 아픔만큼 성숙해지는 이유는 스스로 체험하는 고통이기 때문이다.

"아이고, 우리 공주님 눈이 딱부리가 되었네?"

아픔의 고통을 참고 이겨 낸 자녀의 모습은 안쓰럽지만, 고통을 이겨 낸 자녀는 한층 어른스러워진다. 고통을 통한 배려의 마음이 성숙되었기 때문이다. 자녀의 아픔이나 고통을 함께 나누는 부모가 성숙된 자녀를 키운다.

상대 입장에서
생각하게 하라

| 언제나 나와 같을 것? |

배려는 상대적 관계이다. 상대의 생각을 파악하고 원하는 방향에 맞추어 편리와 이익을 제공하는 것이다.

"뭐가 필요하지?"

어머니가 자녀에게 자주 하는 말이다. 자녀가 원하는 것이라면 무엇이든 해 주고 싶은 부모의 마음을 표현한 것이지만, 지나치면 오히려 자녀에게 부담을 준다.

"없어요."

퉁명스럽게 대답하는 자녀의 행동에 부모는 항상 부족하다고 생각한다. 도시에 사는 자녀와 농촌에 사는 부모의 만남은 정성이다. 일년 내내 자식에게 주려고 준비한 것을 하루 이틀 자고 가는 자녀의 자동차에 가득 실어 주고 싶은 것이다.

"어머니, 그것은 아버님하고 잡수세요."

도시에서 일이천 원만 줘도 살 수 있는 것조차 차에 담아 주려는 부모의 마음보다 가져가는 것에 신경을 쓰는 자녀의 행동은 냉혹하지만 부모는 아랑곳하지 않는다.

자녀에게 필요한 것은 정성보다도 물질적 가치이다. 부모의 마음을 이해하는 자녀와 형식적으로 찾아오는 자녀의 마음의 차이가 정성과 가치의 차이로 구분된다. 작지만 가치 있는 것을 원하는 현대인들을 무조건 잘못된 생각이라고 단정 짓기에는 시대가 급변하고 있다.

효율성과 가치성을 중시하는 도시인 생활을 이해하는 것도 상대에 대한 배려이다. 내 생각이 상대의 생각이라는 것은 착각이다. 자녀의 입장을 먼저 파악하는 것이 중요하다. 무엇을 생각하고 있는지, 무엇이 필요한지를 파악하고 필요한 것을 주는 자세가 배려와 나눔의 자세이다.

언제나 나와 같을 것이라는 생각에서 변화되는 시대에 적응하고 대응하는 자세가 상대와의 관계를 지속적으로 발전시킨다.

| 예상치 못한 배려의 기쁨 |

"특별 보너스다!"

월급 이외의 보너스는 직장인에게 활력소가 된다. 특별보너스는 나만이 쓸 수 있는 용돈이다. 통장으로 입금되는 월급 이외에 현찰로

지급되는 보너스는 작아도 기쁨을 준다. 아내도 남편도 모르는 비자금이 되기 때문에 특별보너스는 마음을 설레게 한다.

"어디에 쓰면 좋을까?"

예상하지 못한 기쁨은 에너지가 되어 저절로 미소를 짓게 한다.

"당신, 좋은 일 있어요?"

평소에 보지 못한 여유와 미소는 상대에게도 여유를 만든다. 웃음이나 미소를 행복 바이러스라고 한다. 한 사람의 웃음이 주변 사람도 웃게 만들기 때문이다. 이처럼 상대에 대한 배려는 예상하지 못한 돌발적 나눔과 베풂이다.

"아니, 작년보다도 적잖아?"

예상했던 보너스보다 적게 지급될 때, 받으면서도 기분이 나쁜 것은 이미 알고 있었기 때문이다.

"원장님, 미안합니다. 경기가 좋지 않아서 작년보다 못합니다."

고아원이나 경로원 등에 매년 기부하는 사람이 경기불황으로 기부금이나 물품이 적을 때 미안함으로 표현하지만, 정작 받으면서도 섭섭함을 느낀다. 경기불황으로 모두가 찾아오지 않을 때 작은 정성으로 찾아가지만, 정작 원장이 기쁨으로 반기는 것은 예견하지 못했던 나눔이고 배려이기 때문이다.

연말이면 모두가 기부활동으로 법석인다. 기부시즌이 지나면 아무도 찾아오지 않는다. 나눔과 베풂은 남들이 하지 않을 때 나누고 베풀 때 가치가 돋보인다.

예상하지 못한 보너스, 아무도 찾지 않는 방문, 생각하지 못한 도움이 올바른 나눔과 베풂이다. 자녀가 갈망하지만 말하지 못하는 것을 파악하여 고민을 들어 주기만 해도 자녀의 방황을 예방할 수 있다.

흔히 고통을 나눈다고 한다. 서로의 아픔을 나눈다는 것은 이해를 말한다. 상대방의 입장을 이해하므로 공감한다는 의미이다.

"선생님은 너를 이해할 수 있다."

학생은 자신을 이해하는 교사에게 믿음을 가진다.

"선생님도 학창 시절에 너와 똑같은 경험을 했다."

같은 경험을 했다는 말이 학생과 교사 사이에 교감을 형성한다.

서로의 입장을 이해한다는 것은 상대적 이해이다. 같은 경험이라면 같은 고통을 느낀다는 의미로, 관계를 좁혀 주는 수단이자 방법이다.

"어떻게 이럴 수가 있어?"

상대를 이해할 수 없다는 생각이다.

"아무리 같은 입장으로 생각해도 용서할 수 없다."

그럼에도 불구하고 같은 입장이지 못하기 때문에 이해할 수 없다고 자녀는 생각한다. 이해해 준다고 하면서도 조건을 제시하는 것이 자녀와 부모, 학생과 교사 간의 문제로 나타난다.

상담사는 상대의 입장에서 모든 것을 들어주고 같은 생각에서 잘못된 부분을 지적하여 문제를 해결한다. 먼저 상대를 인정해 주는 것이 배려이다. 아무리 이해를 하려고 해도 용서가 안 된다는 것은 상대를 이해한다는 것보다 상대를 질책하려는 발상이다.

나눔과 배려로
효율성을 가르쳐라

| 조직력은 나눔과 배려에서 창출된다 |

조직 구성이 잘되어 있다는 것은 업무적 나눔이 잘되어 있음을 의미한다. 자전거는 두 개의 바퀴에 힘의 분배가 원활할 때, 균형을 이뤄 속도가 빨라진다. 자동차는 네 개의 바퀴가 균형을 가지고 힘이 모일 때, 가속도가 나온다.

앞바퀴의 역할이 있고 뒷바퀴의 역할이 있다. 좌측과 우측의 바퀴가 균형을 이뤄야 무게중심이 형성되어 가속도가 나오는 것과 같이, 효율적인 조직은 구성의 역할이 나누어져 조직원 간의 협력에 의하여 시너지를 창출한다.

아버지와 어머니의 역할이 나누어진 가족도 이와 같다. 조직 구성과 동일하게 가족에서도 행복을 만드는 것은 서로의 역할이다. 자녀가 올바르게 성장하려면 가족의 행복이 중요하다. 서로의 입장을 이해하고 먼저 솔선하여 협력하는 가족이나 조직에서 자녀와 조직원은 행복을 느낀다.

　매일 술을 마시고 폭력을 행사하는 아버지의 모습을 보며, 자녀는 불안하여 방황한다. 어머니의 산만한 생활을 보고 자란 자녀는 성장 이후에 새로운 가정에 충실하지 못한다. 폭력을 보고 자란 자녀는 폭력을 일삼고, 부모의 사랑을 받고 자란 자녀는 나눔과 배려를 한다.

　학교에서 문제아는 가정 불안이 원인이 되는 경우가 높다. 문제아 상담 결과에서 폭력 행동이 부모에 대한 불만을 표시하는 것으로 나타나는 것이 이 같은 사실을 증명한다.

　"모든 것이 부모 잘못 만난 것이죠."

　문제로 찾아온 부모들이 교사와의 대화에서 건네는 첫마디이다. 대부분 부모는 자녀의 잘못이 자신 때문이라고 생각한다. 생활에 쫓겨서 보살피지 못한 잘못, 부부간의 싸움, 폭력으로 상처를 준 부모의 책임이라고 말한다.

| 나눔과 배려에서 효율성을 배운다 |

대화, 나눔, 배려 등은 자녀의 효율적 성장을 촉진시킨다.

"밝게 자랐네."

얼굴 표정과 사용하는 언어에서 밝게 자랐다는 칭찬을 한다.

환경은 성장 과정에 긍정과 부정의 사고력과 소극과 적극의 행동을 학습시킨다. 많은 대화를 통해 나누고 배려하는 생활에서 부모의 행동을 보고 자녀에게서 긍정적 생각과 적극적 행동이 성장한다.

맞선을 보건 결혼을 앞두고 어머니는 자녀의 평가 기준이 된다.

"엄마를 보면 딸을 알 수 있어."

딸은 엄마의 말과 행동을 보고 성장하기 때문이다.

일의 능률을 효율성이라고 한다. 올바른 성장이 효율적 성장이다. 의식과 행동은 잠재적으로 학습된다. 부모를 보면 자식을 알 수 있다는 것은 부모의 말과 행동이 자녀의 말과 행동으로 이식되기 때문이다.

식물은 빛을 보고 성장한다. 잎이 성장하는 방향을 보면, 태양이 뜨는 방향과 같음을 알 수 있다. 그래서 길을 잃었을 때 잎이나 꽃이 보고 있는 방향을 보면 북쪽과 남쪽을 구분할 수 있다. 남쪽의 햇빛이 드는 방향으로 잎과 꽃의 방향이 성장하기 때문이다. 여기에서 빛은 부모나 교사의 말과 행동이다.

부모는 자녀의 빛이고 교사 또한 학생의 빛이다. 빛이 희미하다면 자녀와 학생은 방향을 잃게 된다. 같은 빛을 보고 자란 자녀와 학생이 다르게 성장하는 이유는 교육의 효율성 때문이다. 보여주고 들려주는 올바른 자세가 되지 못한다면, 배우는 자녀와 학생이 바르게 성장할 수가 없는 것이다.

부모나 교사의 선행을 보고 자녀와 학생은 스스로 방향을 선택한다. 나눔과 배려를 실천하는 부모와 교사를 보고 자녀와 학생은 나눔과 배려를 실천하게 된다.

사회생활에서 효율성은 능력으로 평가된다. 같은 일을 효과적으로 처리하는 능력이 나눔이다. 혼자 하는 일과 다수가 하는 일의 성과는 엄청난 차이가 있다. 일을 나누는 방법이 다수를 통해 효과적으로 일을 처리하는 능력이다. 평소 나눔이 업무처리 방법에서도 효율적 업무분장으로 나타난다.

나눔은 소속감을 주기도 한다.

"역할이 없어."

어울리지 못하는 아이, 소극적이고 비판적인 아이들의 공통적 의식은 역할이 없다는 것이다. 잘하는 능력 위주로 역할을 나누기 때문에 부족하거나 뒤떨어지는 아이는 팀에서 밀려나는 현상이다.

사회는 다양한 기능과 역할에 의한 조직이다. 못하는 사람이 있기 때문에 상대적으로 잘하는 사람도 구분된다. 반복되는 생활에서 모든 것을 잘하는 사람은 드물다. A, B, C가 있다면 A를 못하면 B나 C를 잘한다. 서로 잘하는 역할을 나누어 협력하는 관계에서 사회는 활성화된다. 역할 나눔은 서로의 생각을 나누고 협력하는 관계이다. 원만한 사회생활은 나눔을 통한 습관에서 학습된다.

독자적으로 일을 하는 사람은 나눔에 인색하다. 나눔의 효과를 모르거나 인정하지 않고, 독식하려는 아집과 고집이 강하다. 업무를 나눈다는 것에 자존심을 걸거나 자신의 업적을 상대에게 빼앗긴다는 생각을 하는 사람들이다.

나눔의 효과는 업무처리를 비롯하여 대인관계, 조직 관리에서도 나타난다. 조직원의 특정을 파악하여 업무를 분장하여 능률적인 조직의 경쟁력을 창출하는 발상은 나눔의 경험에서 나온다. 이처럼 나눔과 배려는 효율성과 능률성을 습득시키는 교육적 효과가 있다.

명령보다 내가
먼저 행동하게 하라

먼저 실천하는 양보

"먼저 타시죠."

"여기 앉으세요."

"어서 올라오세요."

배려는 양보다. 권리나 권한, 소유물을 상대에게 베푸는 마음과 행동이다. 나의 것을 상대와 나누는 여유는 행복이다. 나눠 주는 행복은 나눔을 실천해 보지 않은 사람은 느끼지 못한다. 모성애는 자신의 모든 것을 자식에게 나눠 주면서 느끼는 행복이다. 자신이 앉아서 편하게 갈 수도 있지만 나보다 불편하거나 연장자에게 양보함으로 느끼는 희열은 행복이다.

양보의 미덕은 기회를 나누어 함께 공존하는 행복이다. 먼저 실천하는 양보는 손해보다는 기쁨의 행복을 얻는 기회이다. 나에게는 작은 것이지만 상대에게는 소중한 기회를 제공하는 나눔은 베풂이다.

행복한 사람들의 공통점은 작은 것에 만족한다는 것이고, 불행한 자의 공통점은 작은 것조차 빼앗지 못해서 몸부림친다는 것이다. 99개를 가진 자가 1개를 빼앗는다면, 그는 불행한 사람이다. 반대로, 1개를 반으로 나누는 사람이 행복한 사람이다. 소중한 것을 나누고 베풀때 비로소 진정한 행복을 얻게 된다.

| 효과적으로 유도하는 리더십 |

A 사례 - "박 과장 혼자 하니 이 정도밖에 못하지?"

B 사례 - "박 과장 혼자 고민하지 말고 팀원들과 함께해 봐요."

리더의 나눔은 조직원에게 희망이다. 조직관리는 질책보다는 효과적으로 유도하는 리더십이다. 같은 사건도 어떻게 표현하는가에 따라서 긍정적이고 적극적인 사원을 만들 수 있다.

"벌써 회장님이 나오셨나?"

가장 먼저 회사에 출근하는 회장은 자연스럽게 문을 열어 놓는 회장으로 부르게 되었다. 먼저 출근하여 회사를 돌아보고 안전을 점검함으로써 안전사고도 예방하기 위함이다. 회장이 점검은 사원들에게 경각심을 심어 주어 안전사고를 철저히 예방하는 효과도 올린다.

"김 과장 이것 해!"

명령하고 지시하는 회장보다 행동으로 보여 주는 회장이다.

매일 사원들이 출근하기 전에 정문을 열고 가는 회장을 보는 사원들은 두 가지로 구분된다. 긍정적인 사원은 회장이 사원에 대한 배려로 정문을 연다고 생각하고, 부정적인 사원은 부담스럽게 경비가 하는 일까지 참견한다고 생각한다.

회장이 가장 먼저 출근하는 것은 회사에 대한 책임과 사원들에 대한 배려와 감사의 표현이다. 사원들은 서로 다른 입장에서 생각하지만, 부정적 사원들도 결국은 실천하는 회장에 대한 존경심을 가지게 된다.

"조직을 위해 무엇을 할까?"

조직원 스스로 조직을 위해 무엇을 할 것인가를 생각하고 실천하게 만드는 리더십이 필요하다. 조직 관리의 효율성은 리더의 솔선수범에서 창출된다. 문제점을 파악하고 대비하거나 예방하여 방지하는 안전교육도 스스로 참여할 때 효과성이 있다.

상사는 지시만 하고 직원에게만 안전관리를 하라고 한다면 올바른 안전관리가 되지 못한다. 함께 참여하는 교육의 효과가 높게 나타나는 이유는 조직원으로서 공감대가 형성되기 때문이다. 남자들이 군대 이야기만 나오면 집중하는 것과 같다.

이와 마찬가지로, 시어머니 이야기에 며느리들이 집중되는 이유도 같은 공감대를 가지기 때문이다. 지시와 명령을 일삼는 시어머니에 대한 불만과 고통에 공감하기 때문에 시어머니 이야기는 화제가 된다. 시어머니의 작은 관심과 칭찬은 며느리에게 힘이 된다.

| 가족이 함께하는 회사 |

매월 정기적으로 금요일 오후 회사 마당에 벼룩시장이 열린다. 매월 가족이 함께 참여하는 벼룩시장에서 물물교환보다 중요한 것은 회사 정보를 이해하는 시간이 된다는 점이다.

아이들의 옷을 대물림하는 풍토는 벼룩시장에서 자연스럽게 만들어진 풍습이 되었다. 직원 간의 물물교환은 사원보다 가족 간의 친목을 형성하여 회사의 애경사에 동참하는 계기가 되었다. 회사의 어려움을 함께 나누면서 동료애도 가족 사랑으로 한결 친숙해졌다.

회장을 비롯한 임직원이 먼저 힘든 일부터 솔선하는 풍토가 가족 같은 회사를 만들었다. 나눔은 먼저 실천하는 행동이 중요하다. 어머니가 자녀를 보살피는 것과 같다.

이 때문인지, 가족과 함께하는 회사 행사들이 늘어나고 있다. 회사 업무로 가족관계가 소홀해지는 가장을 위해 가족을 초청하는 행사이지만, 회사에 도움이 되기 때문에 다양한 행사로 증가되고 있는 것이다. 회사에 대한 이해와 애사심에 의한 충성도가 높아지기 때문이다.

회사는 가족과 나눔 행사로 가족에 대한 배려를 준비한다. 자녀에 대한 다양한 교육이나 캠프, 부부관계에 대한 정보나 여행 등의 기회를 만들어 나눔을 통한 애사심을 높이는 방법이 글로벌 기업에서 확산되고 있는 추세다.

회사 백일장이 열렸다. 우수상은 매일 밤늦게 들어오는 아버지에 대한 아쉬움이 이번 행사를 통하여 아버지를 이해하게 되었다는 글이었다. 업무로 가족에게 충실하지 못했던 가장의 입장에서 자녀에 대한 미안함을 느꼈고, 자녀는 아버지에 대한 믿음으로 가족 간의 사랑을 더욱 단단히 하는 효과를 얻었다.

기업은 사원들에게 무엇을 얼마나 나눠 줄 것인가? 기업의 투자가 사원들의 사기를 촉진시킨다. 조직 관리는 물질적 나눔보다 정신적 나눔이 중요하다. 사람 관계를 강하게 연결시키는 힘은 바로 정신적 나눔이다.

나보다 먼저
남을 생각하게 하라

| 5월이면 바다를 찾는 동생 |

형제가 여객선으로 항해를 하던 중 사고가 발생했다. 갑작스러운 사고로 여객선은 아수라장이 되었다. 배는 점점 기울기 시작했다. 헬기가 도착하자, 구조가 진행되었다. 마침내 형제에게 차례가 왔다.

"영우야, 먼저 올라!"

헬기에서 내려온 밧줄이 형에게 다가가자, 형은 뒤에 있던 동생에게 밧줄을 내밀었다. 언제나 동생에게 양보하는 것이 생활화되어 있던 형의 행동에 동생은 말없이 밧줄에 매달렸다. 그런데 동생이 올라가는 순간, 배는 급격하게 기울어졌다.

순식간에 배는 전복되었다. 헬기에 오른 동생이 소리쳐 형을 불렀다.

"형! 형! 형!"

동생의 부름에도 형은 대답할 수가 없었다. 형의 모습은 그렇게 바닷속으로 사라졌다. 항상 가까이 있을 때 형에 대한 고마움을 몰랐던 동생은 평생 동안 형을 그리며 고마움을 느끼며 살았다.

"형! 한 번도 고맙다는 말을 못했는데……."

그는 5월이 되면 바다를 찾아 대답 없는 형을 부른다.

배려와 양보는 대가를 바라고 하는 행동이 아니다. 자신보다 상대를 아끼고 사랑하며 존중하기 때문이다.

현대인은 생활에 쫓기면서 배려와 양보에 대한 미덕이 사라지고 있는 것처럼 보이지만, 배려와 양보는 소리 없이 존재하고 있다. 지하철이나 버스를 이용할 때, 좁은 산길을 갈 때, 갈증을 달래며 약수터에서 기다릴 때, 계단을 오를 때, 건널목을 건널 때, 짐을 끌고 가는 노인을 만났을 때 등 우리는 배려와 양보의 기회가 많다.

힘들고 지친 생활에서 아름다움은 배려와 양보를 통해 에너지를 얻는다. 내가 못하는 배려와 양보가 TV 등으로 보도될 때 기쁜 것은 우리의 양심이 아직은 살아 있기 때문이다.

| 한국의 축구 신화 창조 |

2002년 월드컵은 한국 축구의 신화가 탄생되었던 해이다. 16강의 꿈을 꾸기만 했던 한국 축구가 4강의 신화를 만들었던 비결은 무엇이었을까? 그것은 바로 팀원들의 결집과 서로를 생각하는 배려의 축구를 했기 때문이다.

축구는 11명의 선수가 뛴다. 공격수와 수비수로 구분되지만, 2002년도 한국 선수들은 모두가 공격수였고 수비수였다. 세계적으로 모두가 무명이었기 때문에 한 명의 공격수를 만들기 위한 축구가 아니라 4,000만 명의 전 국민이 선수가 되어 그라운드에서 11명이 뛰고 나머지는 응원석에서 함께 뛰었던 결과였다.

붉은 악마는 세계적으로 유명세를 떨쳤다. 이후에도 한국 응원단의 결집은 세계적 응원단으로 불렸다. 그들은 누구의 지시도 없이 스스로 주변을 청소하고 봉사하는 모범적 행동을 실천했다. 수천 명이 앉았다 일어난 자리는 항상 청소한 듯이 깨끗했다. 응원에서만 승리한 것이 아니라 행동에서도 승리한 것이다.

당시 붉은 악마는 "네가 먼저"라는 생각으로 가득했다. 열광하는 응원에서 열정을 가진 응원으로 서로에게 양보하며 배려하는 모습에서 세계 축구인들은 한국에 대한 새로운 인식을 했다고 했다. 무질서가 판치는 서구의 응원단과 전혀 다른 열정을 가진 한국 축구의 매력은 아직까지도 긍정적 에너지로 기억되고 있다.

경기가 끝난 응원석이나 관람석은 쓰레기가 난무하지만, 월드컵 당시 응원석과 관람석은 마치 청소를 한 듯 깨끗했다.

"우리가 모범을 보여 청소합시다."

누군가 관람석에서 외치는 순간, 모두가 한마음이 되어 청소를 했다. 아무도 이유를 묻지 않고, 누구인지도 모르는 한 사람의 외침에 따라서 청소했던 것은 같은 감정으로 소통되었기 때문이다.

한국 선수들의 패스는 믿음의 패스였다. 풍부한 경험에 발 빠르고 조직력과 강한 체력을 가진 프로선수들을 상대로 패스한다는 것은 철저히 훈련된 믿음의 패스였다. 수비수는 공격수를 향하여 아무도 없는 공간으로 패스를 하였지만, 공격수는 수비수와 공감하여 패스 공간으로 신속하게 이동하는 속도전을 보였다. 공격수와 수비수의 믿음이 보여 준 패스였다.

프로선수들조차 예상하지 못한 공간 이동은 상대 선수를 혼란시키는 전략으로 성공했다. 거대 조직력을 깨트리는 전략은 속도전이다. 속도전의 승패는 혹독한 훈련에 의하여 서로 믿음을 가져야만 한다. 믿지 못하면 속도전은 한순간 패하는 원인이 된다.

히딩크의 가슴에 안기었던 박지성 선수를 모두가 기억할 것이다. 혹독한 훈련 기간 동안 눈물을 쏟게 만들었던 히딩크 감독을 향해 달리던 모습에서 우리는 아버지와 아들의 모습을 연상했다. 가혹할 정도의 훈련이었지만 훌륭한 선수로 키우기 위함을 알았던 선수들은 히딩크의 엄격함을 아버지로 기억한다.

안타깝게도 4강 신화는 재현되지 못하고 있다. 히딩크가 선수들에게 나누어 준 나눔의 리더십이, 히딩크가 자리를 비운 지금은 부족하기 때문이다. 선수까지 믿고 의지하게 만들었던 리더십은 아직도 깨지지 않고 있다. 아버지와 아들의 믿은 설명할 수 없는 감성의 믿음이다.

감독은 선수의 믿음을 얻어야 한다. 한국 선수들은 세계적 명장 히딩크를 믿었다. 그는 훈련으로 선수들을 믿었다. 약체 한국 선수들을 믿었던 것은 그들의 가능성이었다. 자신을 믿고 따라오는 선수들에게 세계 최고의 전략으로 세계적 선수가 될 수 있다는 확신을 심어 주었던 것이다.

| 나눔과 배려의 보이지 않는 힘 |

30년 전 빵 한 개를 훔쳤던 소년을 도왔던 환자는 의사가 된 소년의 도움으로 새로운 생명을 얻었고, 가장 먼저 출근했던 회장의 솔선수범을 보고 따라 했던 사원들이 회사의 경쟁력을 창출시켰으며, 선수에 대한 히딩크의 사랑이 축구 신화를 창조했던 것은 보이지 않는 나눔과 배려의 힘이 작용한 덕분이다.

언젠가 도움을 받기 위해 나누고 배려하지 않았지만, 결실을 만드는 힘이 되어 많은 사람들에게 나눔과 배려의 힘을 보여 주고 있다.

'나눔은 나누는 사람들의 몫'이라고 말하는 이들도 있다. 그들의 문제점은 나눈다는 것에 대한 심리적 부담 때문이다. 나누는 사람들의 몫이라는 것은 나누는 방법을 모르기 때문이다.

나눔은 크고 소중한 것이 아니라, 작고 귀중한 것이다. 가진 자에게 빵 한 개는 아무것도 아니지만, 배고픈 자에게는 생명의 에너지가 된다. 절뚝이는 노인을 부축해 주는 청년에게는 힘든 일이 아니지만, 노인에게 부축은 생명과 같다.

　돌아오지 않는 자녀를 기다리는 부모나 할머니, 할아버지는 기다림을 즐겁게 생각한다. 기다릴 수 있는 자녀와 손자, 손녀가 있다는 것이다. 이처럼 기다림은 스스로의 선택이다.

　기다리다 망부석이 된 어머니나 노인의 이야기는 동서양 문화에 자주 등장한다. 기다리다 죽은 그들의 표정은 아름답고 행복한 모습이다. 누군가를 위해 나눠 준다는 기쁨은 보이지 않지만 영원하다.

어머니는 아이에게 가장 소중한 생명을 나누어 주었다.
아이가 심장 소리만 들어도 자장가처럼 편안함과 안락함으로 느끼는 것은 어머니가
소중한 것을 아낌없이 나누어 주었기 때문이다.

나눔의
5요소

　나눔은 나눌수록 커져 행복도 기쁨도 만족도 두 배로 만든다. 하나의 정보보다 두 개의 정보가 성공을 이끈다. 긍정은 나눔의 배가되고, 희망은 나눔의 배가된다.

　나눔은 크게 다섯 가지 유형으로 나뉜다. 물질적 나눔과 정신적 나눔, 육체적 나눔과 정보 나눔, 그리고 경험적 나눔이다. 나눔을 기부(물질, 재능)문화로 인식하고 있지만, 나눔은 원만한 사회생활과 행복 추구를 위해 중요하다.

대화와 상담은 정신적 나눔으로 고독한 사람, 슬픈 사람, 병원 환자, 노인 등에게 실질적 도움을 주는 나눔이다. 일회성에서 벗어나 지속적으로 정규적인 봉사활동은 육체적 나눔이고, 지식은 정보 나눔이며, 기술·기능·경험 등은 경험적 나눔이다. 나눔 활동은 나누는 사람과 도움을 받는 사람 모두에게 유익하다.

이러한 나눔은 작은 행동에서 시작된다. 나눔을 실천하는 사람과 못하는 사람의 차이는 작은 것에 대한 인식의 차이이다.

"나 하나 빠지는데 어때?"

"내가 무슨 힘이 되겠어?"

"얼마나 된다고!"

자선냄비의 목적은 많은 사람이 동참하는 것이라고 한다. 거부가 1억 원을 내는 것보다 1,000원씩 모여 1억 원이 되는 것이 자선에 의미가 크다고 한다.

얼마를 모았는가는 총액에 대한 개념이고, 몇 명이 동참했는가는 나눔에 대한 개념이다. 같은 1억 원이지만 나눔의 에너지가 큰 것은 후자처럼 동참하는 인원에 비례한다.

인생의 목표도 한 단계부터 시작된다. 목표를 설정하기까지는 준비하는 과정이 필요하다. 또 집을 짓기 위해서도 터를 닦고 주춧돌을 하나씩 준비해야 한다. 그렇듯 1,000원씩 작은 돈이 모여 거액이 되는 것이다.

조직에서 나눔은 참여에서 시작된다. 바다에 물이 모이는 것은 산골짜기에서 냇물이 되고 강물이 되어 바다로 모이기 때문이다.

우리는 바쁘다는 이유로 나눔을 망각하고 살고 있다. 때로는 내가 참여한다고 무엇이 달라지겠냐는 의구심 때문에 동참하지 않거나 쓸데없이 시간 낭비한다는 잘못된 생각에 나눔을 잊어버리고 있는 건 아닌지 한 번쯤 생각해 보아야 할 때이다.

나눔의
리더십

| 나눠 주는 시대 |

"선생님은 무엇을 나눠 줄 수 있어요?"

이런 질문을 받는다면 무엇이라고 말할 수 있을까? 그래서 나는 강의 준비를 할 때마다 교육생에게 필요한 교안을 만든다.

바야흐로 상대에게 필요한 것을 나눠 주는 시대이다. 과거의 나눔은 가진 자가 가난한 자에게 있는 것을 나눠 주는 베풂의 나눔이었다. 오늘날 나눔은 공동체 의식에서 공존의 개념으로 변화되면서 나눔에 대한 인식이 바뀌었다.

사회는 나눔을 요구하고 있고 원만한 사회활동을 위해 나눠 줄 수 있는 능력을 준비해야 한다. 기업의 선발기준도 나눔의 자질을 평가한다.

"회사에 어떤 도움을 줄 수 있죠?"

회사에 필요한 사원을 선발하기 위한 면접관의 질문이다. 연봉에 비례하여 자신의 능력을 보여 줄 수 있는 사원을 선발하는 시대이다. 1차·2차 산업 구조에서는 회사가 지시하고 명령에 복종하는 사원을 사원의 자격으로 평가했다. 그러나 3차·4차 산업구조에서는 스스로 회사를 위해 이바지 할 준비가 되어 있어야 한다.

얼마 전부터 기업은 암기력보다는 적응력 등을 평가하고 있다.

"면접 기회도 없다."

문과 계열에는 면접 기회도 없다. 문과보다는 이과 계열학생이 적응력과 상황에 대처하는 아이디어도 뛰어나기 때문에, 삼성이나 현대 등의 대기업은 물론 중소기업까지도 상황대체 적응력 등을 평가하고 있기 때문이다.

여러 가지 경험이 적응력과 대응력의 나눔의 준비능력을 키운다. 성공보다는 실패를 통한 경험에서 사회와 기업이 요구하는 대응능력을 습득할 수 있기 때문에 암기하는 능력보다는 대인관계와 상황능력이 나눔의 준비가 되었다고 평가하는 것이다.

| 여성의 섬세함 리더십 |

대통령, 장관, 의장, 정치가, 변호사, 정치가, 회장, 사장 등 다양한 분야에서 여성의 리더십을 높이 평가받고 있다. 여성의 섬세함과 모성애가 원만한 조직관계를 이끌어 가기 때문이다.

나눔의 상징은 어머니이다. 희생과 사랑을 실행하기 때문이다. 가시고기의 일생에서 모성애와 부성애가 보여 주는 희생은 생명과 연계된다. 자신의 분비물로 인해 천적으로부터 새끼들의 목숨이 위태로워질 것을 걱정하여 낳자마자 떠나는 어미 물고기와 자신의 몸을 새끼 성장을 위해 마지막까지 나눠 주고 가는 아비 물고기의 모습에서 나눔은 행동으로 실천하는 것임을 알 수 있다.

어머니의 음식 맛은 평생을 기억한다.

"음, 바로 이 맛이야 !"

몇 개 안 되는 재료로 만든 음식의 맛은 영원히 기억된다. 된장국에 시금치나 콩나물 한 가지만 들어 있어도 맛있게 먹는 이유는 어머니의 사랑이 들어 있기 때문이다. 요리의 맛은 요리하는 사람의 자세와 마음에 달려 있다고 한다.

나눔은 나눠 주는 사람의 자세와 마음이 중요하다.

"맛이 있는지 모르겠지만, 드세요."

가난한 아주머니가 정성으로 끓인 죽 한 그릇으로 배를 채우고 살아났다는 어느 그룹의 총수는 죽 한 그릇을 갚기 위해 노력하여 사업에 성공하여 전 재산을 기부하고 떠났다고 한다. 이 아름다운 한 줄의 기사에 마음이 뭉클해지는 것은 내 마음속에 나눔의 행복을 가지고 있다는 증거이다.

물질적 나눔보다 정신적 나눔이 크다. 물질은 시간이 지나면서 기억에서 희미해지지만, 정신적 나눔은 영원히 기억된다. 바로 감동 때문이다.

"있는 물건 나눠 쓰는 거지."

"필요 없으니 필요한 사람에게 주는 거야."

"이 정도는 기증할 수 있어 하는 거지."

없는 사람이나 필요한 사람에게 물건을 나눠 줄 때 고마움은 크다. 물질은 한순간 필요한 것이지만, 마음의 상처를 보듬어 주거나 갈등을 해소해 주는 등의 행위는 새로운 생명력을 심어 준다.

"10년 전 모든 것을 잃고 삶을 포기한 적이 있습니다."

서로가 공감하는 내용은 많은 설명이 없어도 쉽게 공감한다. 말을 잘하는 연사가 아니고 심리상담사가 아니지만, 같은 경험을 나누는 순간 서로가 하나가 되어 마음의 문을 열게 된다.

"모든 사람이 뭐라고 해도 나는 너를 믿는다."

말이 없었던 어머니의 한마디가 방황을 멈추게 만들었다. 자식이 들어올 때까지 식사를 하지 않고 기다리는 어머니는 사고덩어리 자식을 감싸 주었다. 주변 사람들이 손가락질을 해도 자식을 믿어 주며 마지막으로 남긴 말이 가슴에 꽂혀 방황을 멈추고 기술을 배우게 했다.

"적자 기업을 회생시키기 위해 1원만 받고 일하겠습니다."

CEO의 짧은 말에 사원들은 다시 뭉쳤고, 이 말은 1년 만에 흑자 기업으로 탄생하는 원동력이 되었다. 기업은 적자인데 월급에 보너스까지 챙겨 가는 기업의 CEO를 믿고 따른 사원은 없다. 12년간 연봉 1달러를 받으면서 헌신했던 마이클 블룸버그 뉴욕 시장은 적자 재정, 범죄 뉴욕을 새롭게 변화시킨 나눔의 시장이었다.

| 나눔은 희생이다 |

세월호 참사 사건에서 많은 학생들의 목숨을 건지고 떠난 박지영 승무원은 나눔을 행동으로 보여 준 사례이다. 서울대 미술대학 동아리 '미크모' 회원들과 음악대학 학생들이 세월호 희생자 가족들을 돕기 위해 모금 활동을 펼쳐 성금을 모았다.

"나보다 더 어려운 분들에게 써 주세요."

그녀의 어머니가 평소에 어떻게 자녀교육을 시켰는지를 알 수 있는 대목이다. 한 사람의 고귀한 희생이 수많은 학생의 생명을 구하고, 그를 통해 올바른 나눔의 희생정신을 전 국민에게 심어 주었다.

"인근 지역에 사는 시민들은 되도록 북쪽으로 빨리 이동하라"

2001년 9월 11일, 쌍둥이 빌딩이 무너지고 있을 때 무너진 빌딩 주변의 잔해 쪽으로 터벅터벅 걸어오는 한 남자가 있었다. 그는 다름 아닌 뉴욕 시장인 루돌프 줄리아니였다.

쌍둥이 빌딩 중 남쪽 빌딩이 먼저 무너져 버린 오전 9시 59분. 인근 시청 건물에 있던 줄리아니는 2블록 떨어진 사고 현장으로 달려왔다. 하늘은 시커멓게 연기와 먼지로 휩싸여 앞뒤를 분간할 수조차 없었다. 줄리아니는 먼지를 뒤집어쓴 채 사고 현장으로 더욱더 가까이 가서 소리쳤다. 자신의 생명보다 다수의 시민을 위한 행동이었다.

"1억을 기부했습니다."

가진 자는 더 많은 것을 갖기를 원한다. 평생 1억을 만져보지도 못하는 사람이 많다. 그럼에도 사건이 발생하면 연예인을 비롯한 재벌이나 기업가들은 서슴없이 1억 원을 기부한다.

물론 그들은 여유가 있어서 기부한다고 볼 수 있다. 사회적 명성을 지키기 위한 의무감 때문에 기부하는 사람도 있고, 진심으로 돕기 위해 기부하는 사람도 있을 것이다.

그런데 가끔 이름 없이 전 재산 1억 원을 기부하는 사람들이 있다. 그들은 어떤 마음으로 기부를 하는 것일까?

기부를 정기적으로 하는 분들의 공통된 말은 기부하고 나면 기부한 만치 자신이 기쁘다는 것이다. 자신에게도 필요한 돈이지만, 나눌 때 기쁨은 벌기 위해 노력하는 것보다 더 크다고 한다. 가시고기처럼 자신을 희생하는 마음이 기부로 나누는 사람들의 마음이다.

마이클 블룸버그 뉴욕 시장이 여유가 있어서 연봉을 포기한 것은 아닐 것이다. 희생적 행동을 보여 줌으로써 상대의 공감을 얻기 위함이다. 실천하지 않고 말로 하는 정치행정가들의 이중성을 시민들은 믿지 않기 때문에 뉴욕 시장의 실천은 시민들을 감동으로 변화시켰다.

선진 국가를 평가하는 방법으로 나눔의 문화가 얼마나 정착되어 있는가로 구분하는 기준이 있다. 나눔을 통해 국가의 공동체가 유기적인 관계로 발전할 수 있기 때문에 다양한 나눔은 기부문화로 발전해 왔다.

물질적 기부에서 봉사활동 등의 기부활동으로, 관계를 유기시키고 발전시키는 활력소로 확산되어 있다. 나눔은 조직원 간의 협력 활동으로 이어지고 있으며, 다양한 동아리 활동도 나눔의 활동 유형으로 나타난다.

이에 따라 기업의 사회참여활동이 증가하고 있다. 전 직원이 월급의 1%를 기부하는 회사, 매월 4시간 이상 CEO를 비롯한 전 사원이 봉사활동을 실천하는 회사 등……. 이런 회사들의 다른 기업보다 신장률이 증가하는 이유는 나눔의 효과 때문이다.

나눔 활동을 통해 사원들이 화합되고 협동하여 기업 발전에 시너지 효과가 나타나는 것이다. CEO가 앞장을 서서 나눔을 실천할 때, 사원들의 동참률이 높고 지속성이 유지될 수 있다. 일회용의 나눔은 오히려 역효과가 나타난다. 나눔의 진실성이 중요한 이유이다.

신세대 어머니들의 모임은 다양하다. 육아 모임에서 교육모임, 쇼핑모임, 인터넷 모임 등 다양한 정보모임이다. 서로의 정보를 나누면서 새로운 정보를 수집하여 자녀에 대한 식사, 교육 등을 정보를 교류하여 시너지를 창출시키고 있다. 자녀의 옷이나 교구, 교육정보 등을 신속하게 교류하며, 공동구매를 통해서 물질적 이익을 추구하기도 한다.

과거 빨래터가 여인들의 정보교류 마당이었다면, 21세기는 인터넷을 통한 다양한 카페, 블로그 등에서 교류하며 친목을 유지하기도 한다. 이러한 신세대와 구세대의 구분이 정보교류방법에 있다. SNS를 이용하는 세대는 신세대이다. 다양한 정보, 필요한 정보를 수집하거나 교류하면서 변화에 대응하기 때문이다.

과거 100년 동안 변화되었던 문화와 역사, 과학과 생활, 상품 등이 이제는 채 30년도 걸리지 않는다. 변화 기간은 지속적으로 단축되고 있다. 개인이나 기업, 조직이나 국가의 경쟁력을 창출하려면 정보를 나누고 교류해야 한다. 어떤 나눔과 교류의 방법을 알고 있거나 사용하고 있는가에 따라서 경쟁력이 결정되고 있다.

자녀교육에서 의·식·주의 모든 생활 문제를 해결하는 방법이 나눔과 교류이다. 얼마나 많은 것은 배웠는가보다 '얼마나 많은 다양한 정보 교류망을 가지고 있는가'로 경쟁력을 평가받는 시대이다.

어제의 정보가 미래의 정보가 되지 못한다. 새로운 정보는 끝없이 교류되어 거래가 이뤄지고 있다. 개인 간의 거래, 조직 간의 거래,

상품거래 등이 정보에 의하여 교류되고 있는 것이다. 소비자의 욕구
는 끝없이 진화되어 어제의 상품은 과거 상품으로 경쟁력이 상실되
고 있다. 미래경쟁력을 창출하기 위한 도전은 나눔과 교류로 진행되
고 있다.

글로벌시대
성공 비결은 나눔이다

| 나눠 줄 것이 준비되어 있는가 |

강의 시간에 쫓겨 급하게 택시를 세웠다. 검정색이 유난히 번쩍이는 택시가 앞에 멈추었다. 요즘 택시기사에 대한 사건이 가끔씩 긴장하게 만들기 때문에 조심스럽게 뒷문을 열었다.

그러자 택시 안에서 풍기는 은은한 향기가 긴장되어 있던 나의 마음을 한순간에 편안한 기분으로 바꾸어 놓았다. 마치 이동하는 카페처럼 깨끗한 공간에 꾸며진 장식이 손님에 대한 배려로 느껴졌다. 조심스럽게 말을 건넸다.

"기사님, 안락한 분위기가 편안하네요?"

뒤를 힐끔 쳐다보는 거울 속에 인자한 표정이 깔끔한 복장과 어울려 나의 피곤함을 풀어 주는 기분이었다.

"예, 이제 운전한 지 한 달 되었습니다. 퇴직하고 연금은 받고 있어

즐거운 마음으로 욕심 없이 일하고 있습니다."

이웃집 아저씨의 너그러운 표정에서 인생을 살아가는 방법을 배우는 순간이었다. 몇 마디 말이었지만, 그의 표정과 택시에서 풍기는 분위기 덕분에 좋은 강의를 마치고 강의실을 나오는 기분으로 택시에서 내렸다.

택시는 어떤 손님이 이용할지 모른다. 기사는 특정 손님만을 골라서 태울 수도 없다. 기사의 나눔은 수익으로 이어진다. 아직 한 달밖에 운전하지는 않았지만 몇 년을 운전한 기사들과 같은 수입을 올렸다는 이야기 속에 즐겁게 나누는 미소가 성공과 비례한다는 것을 느꼈다.

인생은 끝없이 배우며 나눠 주며 가는 것이라 했던가? 중요한 것은 나눠 줄 것이 준비되어 있는가 하는 것이다.

경로당에 모여 있는 분들의 표정을 보면 크게 두 가지로 구분된다. 즐거움으로 만족한 웃음이 가득한 사람과 깊게 파인 주름에 굳어진 표정으로 긴장되어 있는 사람이다. 과거에 무엇을 했나 하는 것보다 지금 무엇을 하고 있는가가 중요하다. 행복의 기준은 과거가 아니라 현재이고 미래라는 것이다. 인생은 받아먹고 사는 것보다 나눠 주며 사는 삶이 행복하고 즐겁다.

"떡볶이 장사로 평생 모은 재산을 A 대학에 기부하다!"라는 타이틀의 기사를 본 적이 있다. 제대로 먹지 않고 평생을 일하며 모은 전 재산을 자식보다 대학에 기부한 할머니의 행동은 인생을 어떻게 살아야 하는가에 대한 결단으로, 허울 좋은 명예나 권세 보다 인생의 가치를 가르쳐 준 나눔의 표상으로, 장학금을 받은 수많은 학생들에게 영원히 기억되는 인생의 표상이 되고 있다.

| 성공의 지름길 |

우리가 살고 있는 공간과 살아가는 시간은 공생공존이다. 지구촌이 하루 생활권으로 공간이 축소되었고, 인터넷을 통해서 세계에서 발생하는 사건들을 실시간으로 보고 듣는 세상이다.

살인, 분쟁과 투쟁에 대한 사건을 보고 남의 이야기이지만 마치 내일처럼 흥분한다. 가난 속에서도 남을 위해 희생한 사건이나 철도에 떨어진 사람을 목숨을 걸고 살려내는 이야기들은 실시간으로 수억 명이 동시에 보고 눈물을 흘리는 시대이다.

이제 고객은 길거리를 지나다니는 수백 명의 고객에서 인터넷으로 옮겨 가며, 수억 명의 고객으로 폭증하고 있다. 문제는 '어떻게 수백 명의 고객을 수억 명으로 만들어 낼 것인가?' 하는 것이다. 방법과 수단이 글로벌 시대의 성공비결이 되고 있다.

사례에서 보듯이 두 사건 모두가 이슈거리가 되면 수억 명이 볼 수 있는 시대이지만, 전자의 사건은 쉽게 잊어버리는 사건이고 후자의 눈물을 흘린 사건은 오래도록 기억하게 된다.

누가 무엇을 했더라는 말이 꼬리에 꼬리를 문다. 했더라는 말은 지속적으로 생각을 나누게 만드는 화제이기 때문이다. 결론을 내리는 것보다 상대가 결론을 생각하게 만드는 것은 홍보 전략이 되어 마케

팅 성공사례가 되고 있다.

어쩌면 '홍보시대에서 어떻게 살아남는가?'라는 질문이 우리의 삶을 결정하는 중요한 성공의 지름길이 되고 있는 것이다.

| 리더의 기부문화 |

"회장님이 봉사 가신대!"

회장님이 봉사를 나가는 날은 전 사원이 봉사하는 날이다. 회장의 지시로 봉사를 하는 것이 아니라, 봉사를 통해서 회장과 만남의 기회를 얻기 위함이다. 봉사활동이 조직을 강화시키는 간접적 작용을 하는 것이다.

"이 손이 어떤 손인데!"

임금님이 잡아 준 손을 닦지도 않고 스스로 손을 모셨던 사례는 동서고금을 막론하고 자주 들었던 이야기이다. 조직의 최고 관리자가 무엇을 좋아하더라는 소문이 조직에서 유행이 되어 따라 하는 경우도 있다. 학창시절 닮고 싶은 사람의 사진을 코팅해서 벽에 걸어 놓거나 지갑에 간직하고 하루에도 몇 번씩 사진에 입을 맞춘 경험은 많고 작지만, 누구나 경험하며 성장한다.

반복하여 보고 듣는 습관을 통해 존경하는 사람을 닮고 싶어 하는 것도 교육방법의 하나이다. 남을 돕는다는 습관을 통해 인격을 형성하고, 자신의 활동에 활력소가 되기 위한 노력이다.

CEO들의 나눔 행사에는 여러 가지 순수한 목적이 있지만, 그중에서 조직에게 보여 주기 위한 나눔도 있다. 중요한 것은 목적이 순수하든 아니든 간에 나눔을 통해 발생하는 긍정적 효과는 나눔의 중요성을 보여 준다는 사실이다.

국가적 · 사회적 이슈거리가 발생하면 자연적으로 나눔의 행렬이 이어진다. 어느 기업이 얼마를 기부했냐 하는 것이 소비자의 입장에서는 그 기업이 얼마나 소비자를 위한 기업인가 하는 기업 이미지로 이어지기 때문이다.

| 1,000억 매출 기업가의 나눔 정신 |

"제가 가지고 있는 것이 많아서가 아니고, 나눌 수 있을 때 나눠야 된다고 생각을 해요."

1,000억 매출의 호주 한인 사업가 제이마이홀딩스 그룹 이숙진 대표의 나눔 정신이다.

"두 팔이 있을 때 도와라."

아버지의 말씀은 누구를 도와줄 수 있다는 것은 건강하다는 증거이니, 열심히 도울 것을 찾아서 도우라는 것이다. '아버지' 하면 떠오르는 나눔의 자세는 가훈이고 일생의 목표가 되었다. 그녀의 성공신화는 나눔의 성공이다.

대부분의 사람은 쓰고 남아야 남을 도울 수 있다고 생각한다. 그러나 쓰고 남는 것은 쓰레기이다. 자신의 쓰레기를 남에게 버리는 행동이 나눔이라고 볼 수는 없을 것이다.

세계적으로 성공한 A 사업가는 쉬지 않고 모은 엄청난 재산 때문에 깊은 시련에 빠졌다. 쉬지 않고 일하며 쓰지도 않고 절약하여 모은 천문학적 재산을 어떻게 할 것인가? 자식과 형제들의 재산분배로 인한 분쟁이 그에게는 고통이 되었다.

돈을 버는 것보다 돈을 관리하는 문제가 중요하다. 누구에게 얼마를 줄 것인가? 기증으로 마무리할 것인가? 대를 이어 더 많은 돈을 벌게 만들 것인가? 돈을 어떻게 관리할 것인가에 대한 고민이다.

가끔씩 평생 동안 바느질해서 모은 돈, 떡볶이 장사로 모은 돈, 구두닦이로 모은 돈, 봇짐장사로 모은 돈을 대학이나 사회단체에 이름도 없이 기부하는 기사들이 많은 사람들을 깊이 생각하게 만든다.

| 성냥팔이 소녀 이야기에서 얻는 교훈 |

작은 성냥불을 통해 소녀는 꿈꾸던 세상을 그리며 할머니를 따라 행복한 미소를 지으며 세상을 떠났다. 타오르는 불꽃은 우리들의 야망이지만, 동시에 희망이기도 하다. 불가에 모이는 모두에게 따뜻함을 나눠 주는 성냥은 자신을 태워 따뜻함을 나눠 준다.

나눔으로 이득을 원하는 것은 모순이다. 성냥처럼 자신을 희생시키는 자세가 필요하다. 글로벌 시대에 나눔은 공존을 위한 나눔이다.

성냥물의 따뜻함을 서로가 느끼며 서로의 이해하고 함께하는 사회와 조직을 만들기 위해서는 누군가 지니고 있는 성냥에 불을 피우는 나눔의 행동이 필요하다. 특히 리더는 조직을 위해 소녀처럼 소중한 것을 나누는 행동으로 조직원을 감동시켜야 할 것이다.

"아낌없이 주련다."

아낌없이 주는 것은 소중한 것조차 나눠 주는 것이다. 어머니가 아이를 위해 젖을 주고 가시고기가 몸을 주는 나눔의 행동이 글로벌시대에 다양한 나눔 활동이 되고 있다.

성냥불 같은 리더의 나눔은 조직원에게 감동을 주어 활발한 조직활동을 이끌어 간다. 나눔의 행복이 믿음과 신뢰를 만들어 긍정적 생각과 적극적 행동을 만들기 때문이다. 무엇을 하라고 지시하기 전에 내가 무엇을 할 것인가를 찾아가는 리더의 자세가 나눔의 행동이다.

| 나눔의 유형 |

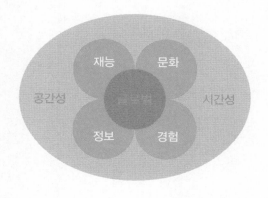

글로벌시대의 경쟁력은 나눔에서 창출되고 있다. 초일류기업은 나눔을 통하여 소비자와 소통하고 있으며, 신기술·신상품·신소재 개발도 소비자와 소통의 나눔에서 창출되고 있다.

　나눔은 소통의 방법으로 주고받는 관계이다. 먼저 주는 관계이다. 네가 주는 것만큼 나도 주겠다는 관계는 나눔으로 볼 수 없다. 그저 단순한 거래일 뿐이다. 거래는 물품의 대가일 뿐, 인간관계로 이어지는 경우는 드물다.

　나눔은 자신이 지니고 있는 재능이나 문화, 정보와 경험을 조건 없이 공간성과 시간성을 초월하여 주고받는 관계이다. 글로벌시대는 동서의 차별 없이 지구촌이 실시간으로 인터넷을 통하여 나눔으로 소통한다.

　지구촌에서 발생하는 모든 정보가 실시간으로 전달되어 소통을 통한 시너지를 창출시키고 있다. 선진국가와 후진국가의 격차가 나눔으로 좁혀져 가고 있으며, 기업과 소비자는 나눔 관계로 이어 가고 있다. 이익만을 추구하는 기업의 이미지에서 나눔의 기업이미지를 만들어 가고 있는 것이다.

중국에서 성공하려면
나눔의 배려를 배워라

중국 여행을 하면서 처음 배운 말이 '관시'이다.

"무슨 뜻이에요?"

"중국 사람들의 성공 기준이 관계를 통해 얼마나 많은 사람들과 연계하고 있는가 하는 인맥이라고 생각하시면 돼요."

한국인 같기도 하고 중국인 같기도 한 가이드는 중국에 살려면 '관시'를 잘 만들어야 한다며, 중국인들이 대인관계를 얼마나 소중하게 생각하고 생활하는가를 매번 연계시켜 설명했다.

"맞아, 우리도 마찬가지 아니겠어?"

함께 여행하는 나이든 사람들은 공감하는 표정이었지만, 젊은 사람들은 가볍게 듣고 지나치는 모습이었다.

"중국인들은 인간관계를 어떻게 형성하나요? 우리처럼 끼리끼리만 연계하나요?"

순간 가이드의 묘한 표정이 생각난다. 흔히 비웃음이이라고 하는 애매한 표정이 또렷하게 남아 있다.

"바로 그게 한국인과 다르다고 생각합니다. 중국인은 거지에서 총통까지의 다양한 사람들과 연계되는 것을 관시라고 보시면 됩니다."

그날 가이드가 말했던 '거지에서 총통까지'라는 말은 충격적이었다. 우리는 모든 것을 계층별·소득별로, 학벌로, 지역별로 나누어 끼리끼리 어울리고 다른 계층이나 학교, 지역 등을 구분하는 특징이 있는데, 중국인은 다르다는 말은 새로운 배움이었다.

관시란 무엇일까? 사람과의 관계를 연결하는 것이라면, 어떻게 연결시켜야 할까? 무조건 사람을 만난다는 것만이 아닐 것이라는 생각에서 사람관계를 잘 이끌어 가는 주변 친구나 사업가 등을 떠올려 보았다. 가만히 생각해 보니, 그들에게는 공통점이 있었다. 주변의 다양한 사람들과 연결되기 위해서는 최소 3가지의 공통점이 있다.

첫째, 같은 생각을 한다.
둘째, 같은 목적이 있다.
셋째, 같은 경험이 있다.

생각이 같다는 것은 생각을 나누어야 알 수 있는 것이고, 목적이 같다는 것은 의견을 나눈다는 것이고, 경험이 같다는 것은 대화와 토론으로 공감대를 형성했다는 나눔이다.

이처럼 서로 다른 사람들을 하나로 만드는 방법은 나눔이다. 내가 먼저 상대에게 베풀어 주는 행동을 할 때, 상대도 나와의 관계를 만들어 나간다.

언제인가 유행했던 광고가 있다.

"따지지도 않고 묻지도 않습니다."

이 카피는 여러 광고에서 사용했고, 지금도 가끔 사용하는 카피이다.

서로 잘난체하는 것보다 심각한 문제는 따지는 것이다.

"쟤가 우리와 어떻게 어울려?"

"쟤가 우리 팀에 들어오면 내가 나간다."

우리 손가락을 보면 길이가 모두 다르다. 서로 길이가 다르기 때문에 물건을 쉽게 집고 던지며 손을 자유롭게 사용한다는 손바닥 원리가 있다. 서로 다르기 때문에 시너지 효과를 만든다는 것이다. 그럼에도 습관적으로 상대와 계층을 형성하면서 친구를 구분하고 살아가는 사람들이 의외로 많다.

따지지도 않고 묻지도 않겠다는 것은 관계를 형성하는 방법으로 중요하다. 만나는 순간부터 따지고 궁금해서 물어보고 또 물어보는 습관이 인맥을 만들지 못하는 원인이 되고 있다.

사회생활은 인간관계 형성에 달려 있다. 원만한 대인관계와 사회생활은 사람과의 관계 형성에 달려 있다.

중국은 광활한 땅에는 60여 개의 서로 다른 민족들이 터전을 잡고 살아가고 있다. 서로가 따지고 물어보고 인간관계를 형성한다면 모래알처럼 흩어질 수밖에 없기 때문에 묻지도 따지지도 않고 인간으로 관계를 형성하는 습관이 만들어졌다고 생각한다.

글로벌시대에 국제관계에서 성공하는 비결은 중국인의 관시이다. 백인, 흑인, 황인을 구분하여 거래를 한다면 국제거래는 형성되기 어렵다. 서로를 인정하고 서로 공감대를 형성할 때, 비로소 거래가 성사된다. 선진국가가 후진국가에 지원을 하면서 국가 간의 거래가 형성된다. 국제 거래가 나눔을 통해서 거래되는 것이다.

여행하는 내내 '관시'에 대한 생각으로 그때 여행을 마쳤던 기억이 가끔씩 머리를 스쳐 가는 이유는 무엇일까? 아마도 그것은 '관시'라는 단어가 인간관계에 어떤 것인가를 부딪치면서 느꼈기 때문일 것이다.

나무가 아닌
숲을 보는 나눔 경영

"쾌청한 날씨입니다. 마음도 쾌청한 하루가 되세요."

M그룹의 총수가 사원들에게 보내는 메신저이다. 수천 명을 만날 수는 없어도 수천 명과 대화를 할 수는 있다. SNS의 보급은 조직관리 방법까지 변화시키고 있다. 흔히 SNS는 젊은 사람들의 점유물처럼 말하지만, 시대 흐름을 파악하는 관리자들은 이를 활용하고 있다.

총수 자리를 지키는 것보다 솔선하는 자세가 시대 변화에 따른 조직관리 방법이다. 자신의 모습을 보여 준다는 것은 나눔의 자세이다. 먼저 찾아가서 손을 내미는 것 또한 나눔의 행동이다.

이러한 나눔 경영은 초일류기업의 경영 리더십으로 부상하고 있다.

"감사하게 먹겠습니다."

마치 군대나 동창 등의 모임에서 볼 수 있는 장면이 회사 구내식당에서 펼쳐진다. 임직원과 사원이 함께 식사를 하면서 정답게 나누는 식사 인사이지만, 자연스런 이런 말이 바로 나눔의 실천이다.

누구에게 감사하는가를 따지기 전에 서로에게 주고받는 인사는 자연스럽게 서로의 마음과 소통하는 수단이 된다. 어쩌다 하는 인사보다 감사하게 먹겠다는 의식적인 인사가 가정이나 사회, 기업 등의 만남에서 필요한 나눔의 인사이다.

| 조직의 경쟁력은 생각의 나눔에 있다 |

조직의 관계를 형성하는 데 있어서 중요한 나눔은 반드시 물질적으로 나누는 것만이 아니라, 마음을 나누는 것이다.

조직은 서로 다른 역할의 유기적 관계에서 존재한다.

첫째, 어떤 구조로 조직되어 있는가?

조직구조를 파악할 때, 전략을 구상할 수 있다.

둘째, 조직원의 구성이 어떤가?

구성원의 능력과 기능을 파악한다면 전투의 승리를 보장받는다.

손자병법에서도 언급되어 있듯이 사회생활은 조직생활이며, 조직원 간의 문제를 해결하는 것이 대인관계의 병법이다. 다양한 조직은 선의의 경쟁으로 가치를 창출하고 있다. 대화가 활성화된 조직의 경쟁력이 높다.

각기 다른 부서가 독립적으로 존재하지만, 서로의 관계가 원활한 조직이 높은 경쟁력을 창출한다. 이러한 관계를 이어 주는 것이 바로 대화이다. 이러한 점에서 대화란, 서로의 생각을 교류하는 나눔이다.

조직은 수많은 토론으로 문제를 해결하고 있다. 서로의 생각을 나누는 것이 토론이다. 각기 다른 입장을 설명하고 해결방법을 제시하여 공통분모를 찾아가는 과정이 토론에서 생각의 나눔이다. 일방적인 지시나 명령에 의한 토론은 있을 수 없다.

"사장님의 생각입니다."

토론 도중에 제시되는 사장의 생각은 창의적인 아이디어를 창출시키지 못한다. 사장의 생각에 맞추어 토론이 진행되기 때문이다.

"그런 생각을 하시고 계셨다면 미리 말씀을 하셨어야지요."

"쓸데없이 시간만 낭비했잖아?"

"왜 토론하라고 한 거야? 지시만 내리면 될 것이지."

주제를 주고 토론을 하라는 것과 '이렇게 하라' 혹은 '이렇게 생각한다'는 지시를 내린 후 토론을 하라는 것은 다르다. 주제는 풀어 가는 방법에 대한 서로의 생각을 나눌 수 있지만, '이렇게'라는 지시는 토론의 결과를 제시했기 때문에 나눌 수 있는 범위가 이미 한정된다.

| 가장 작은 것부터 이끈다 |

자신도 보호하고 주변 사람도 보호하겠다는 마음으로 무술을 배우러 산중에 도사를 찾아갔다. 그러자 무술을 가르치는 스승이 종이를

주며 찢으라고 했다.

"한 장을 찢어라."

"두 장을 합쳐 찢어라."

두 장도 쉽게 찢어졌다.

"이번에는 두 장을 겹쳐서 찢어라."

한 겹이나 한 장을 찢기는 쉽지만, 겹쳐서 찢기는 어렵다. 한 장은 얇아 힘이 없지만, 겹칠수록 강한 힘이 된다. 나눌수록 찢기가 어렵고 단단한 종이가 된다. 작은 에너지도 여러 개가 모이면 강한 에너지가 되는 이치이다. 작은 나눔이 큰 힘이 되는 것과 같다.

샤워를 할 때 강한 물줄기를 맞으면 아프지만 샤워기에 구멍이 많을수록 부드러워져 샤워하기가 편하다. 물줄기가 쪼개져 부드러운 물이 되기 때문이다. 종이를 겹치는 것도 나눔이고 물줄기를 쪼개는 것도 나눔이다.

사원 교육에서 중요한 것은 가장 쉬운 것부터 가르치는 방법이다. 물지는 것 3년, 장작 패는 것 3년, 밥하고 빨리하는 것 3년. 가장 쉽고 기본적인 생활이지만 3년씩 9년을 반복하면서 무술의 기본기를 습득하게 된다. 그러나 무술을 배우는 교습생은 불만으로 가득 차 있기 마련이다. 기본 근육을 발달시키는 운동이라는 것은 스승만이 알고 있는 것으로 조직을 관리하는 방법이 된다.

나눔의 리더십은 가장 작은 것부터 이끈다. 리더의 인내와 끈기에 의하여 조직을 감동시킨다. 어느 순간 깨달음을 통해 느끼게 만든다. 바쁠수록 돌아가라는 슬로우 철학이 필요하다.

| 숲을 보는 지혜 |

　나눔은 갈등 해결의 지혜이다. 강릉의 오죽 현은 400년 동안 11대
가 이어져 오면서 150만 평에서 수확되는 곡식을 어려운 농민과 나누
는 나눔의 가훈을 가지고 있다.
　"재산은 도리에 알맞게 하라. 나누지 않으면 하늘이 나눌 것이다.
그러면 가문에는 재앙이 온다."
　동학란 때 동학군이 강릉까지 와서 이 집을 공격하자 인근 농민들
이 들고 일어나 그들을 격퇴시켰고, 6·25 때는 인민군 여단 사령부
가 3개월간 주둔했으나 위해를 가하지 않았다.
　급하게 서두르면 앞만 보고 순간 뒤를 보지 못한다. 뒤를 보지 못
하면 상대를 보지 못하는 실수를 한다. 상대가 어떤 전략을 준비하고
있는지, 소비자가 어떻게 변하여 무엇을 원하는지를 모르기 때문에
자신의 주장대로 행동하여 실수가 발생한다.
　나눔은 작은 정보도 교류하여 작은 정보가 결정적 정보가 되는 기
회를 얻게 만든다. 리더는 숲을 보고, 사원은 나무를 본다고 비유한
다. 숲을 보는 리더가 나무를 보는 사원에게 방향을 제시할 수 있는
것이다.

빌게이츠 나눔의
감성 리더십

|조건 없는 나눔의 실천 |

빌게이츠의 기부는 오랫동안 지속되는 행사와 같다. 이 같은 CEO 의 기부문화는 세계적인 추세이다. 기부를 통해 새로운 이미지를 소비자에게 보여 주기 위함도 있지만, 기부를 통해 자신의 생각을 나누기 위함이 크다고 본다.

사업은 물론 이익을 목적으로 존재한다. 그렇다고 해서 기부를 '사업가는 이익만을 추구하는 파렴치한으로 매도하는 경향에서 탈피하기 위함'이라고 보기에는, 지속적인 나눔을 평가하는 것은 잘못이다.

빌게이츠를 사회를 이끄는 지도자의 배열에 올리는 이유는 그의 나눔이 지속적인 행동이기 때문이다. 한두 번의 일회성에 그치는 것이 아니라, 지속적으로 보이지 않는 선행을 하기 때문이다. 이처럼 선행이란 나눔의 실천이며, 진실된 지속성에서 드러난다.

어머니는 자식에게 조건 없는 사랑을 준다. 어머니의 사랑에는 하나밖에 없는 목숨까지 바치는 희생이 있다. 내가 책임진다는 의무감이 조건 없는 희생정신을 이끌어 간다. 자식이 부모에 대한 존경은 이러한 조건 없는 희생과 사랑 때문이다. 이렇게 마음과 마음으로 통하는 감성은 사회생활에서도 나타난다.

조건 없는 나눔을 실천하는 빌게이츠와 같은 사람들에게는 상대를 매료시키고 압도시키는 리더십이 있다. 존경이란 강제가 아니라 자발적 행동의 표현이다. 사업가이면서 존경을 받는 빌게이츠와 같은 사람들의 비결이 나눔이다.

소비자로부터 얻은 수익을 소비에게 돌려준다는 사업가 의식은 누구에게나 있는 것은 아니다. 후진국가에서는 아직도 사업가의 착취가 일상화되어 있는 것이 현실이다. 선진국가의 사업가들의 변화는 나눔 정신이다.

| 나눔은 실천이다 |

강의를 하다 보면 많은 CEO를 만나게 된다. 그 가운데 A 기업과 B 기업의 사례를 보면서, 나눔이 조직관리에 얼마나 큰 영향을 주는가를 알 수 있었다. 사원들을 만나면서 마음속으로 CEO를 존경하는 사람들의 표정과 마지못해 CEO의 지시를 따를 사원들의 표정이 다르다는 것을 느낀다.

먼저, A 기업의 사례이다. 사원들의 밝은 표정과 미소가 마치 친정집에 들어서는 기분이 들었다. 먼저 인사하며 내미는 손에서 따뜻함이 느껴진다. 150여 명의 사원들의 표정에서 가족이라는 느낌을 받았다. 그들에게서는 스스로 일을 해결하는 모습이 뚜렷했다. 주고받은 목소리가 다정했고 마주치는 눈동자가 맑아 보였다.

강의를 하기 전, 사장님을 소개한다며 안내를 받았다. 문이 열리자 기다렸다는 듯이 일어나 맞이해 주었다. 회사 소개를 하기 전에 사원들을 소개하는 모습이 아저씨와 같은 분위기였다. 준비한 강의 자료보다 많은 정보가 떠올라 정말 신바람 나는 강의로 기분 좋게 마쳤다. 돌아오며 운전하는 마음이 즐거웠다.

이번에는 B 기업의 사례이다. 어렵게 찾아간 회사 정문에서 수위는 꼬치꼬치 캐묻는다. 강의를 하러 왔다고 하면 대부분 교육담당자가 마중을 나오거나 안내를 받는데, 출입부터 마음이 편하지 않았다.

몇 분을 기다리자, 교육담당자가 나오면서 인사를 건넸다.

"미안하지만 오늘 사장님이 부재중이라 전무님께 인사를 드리시죠."

전무실의 문이 열리자, 그는 의자에 앉은 채 인사를 했다. 전무실을 나와 교육장으로 가는 길에 마주치는 사원들의 표정은 마치 전투병과 같아 보였다. 굳어 있는 표정에서 불안감마저 들었다. 반응조차 없는 강의를 마치고 돌아오면서 하루 종일 편하지 않은 느낌이었다.

A 기업 사장의 말과 행동이 사원은 물론 강사에게도 전달되어 모두를 즐겁게 만들어 주었던 것이다. B 회사의 어려움은 CEO를 비롯한 관리자 등의 행동에서 느낄 수 있었다. 한 사람의 나눔이 조직원 전체에 미치는 영향이 얼마나 큰지를 느낄 수 있었던 경험이었다.

만일 교육 담당자의 웃음조차 없었다면 어떻게 되었을까? 지금도 가끔은 생각나는 경험이다. 그날 이후 강사의 미소와 말 한마디가 교육생에게 어떤 영향을 줄 것인가를 생각하게 되었다.

| 나눔은 행복바이러스와 같다 |

빌게이츠의 나눔처럼 강사도 나눔을 실천하는 사람이라 생각한다. 나눔은 나눌수록 커진다는 말과 같이, 처음 실천하는 나눔이 중요하다고 생각한다. 작은 정성이지만 진심을 담은 행동이라면 크고도 진심 없는 행동보다 큰 결실을 얻게 된다.

떡볶이 장사로 어렵게 모은 돈을 담아 내민 작은 봉투가 주변에 많은 사람들에 감동을 주어 동참하게 만든 사례가 종종 일어나고 있다. 우리가 살아가는 사회가 얼마나 아름다운가를 보여 주는 사례는 나눔을 통해서 자주 본다. 사회가 급박하고 무서운 사건이 종종 발생하고 있지만, 자신을 희생하며 나눔을 실천하는 천사들의 이야기가 모든 것을 용서해 주고 사랑으로 살아가는 지혜를 주는 것이다.

"이렇게 하라!" 하는 지시와 명령보다 효과적인 리더십은 '실천'이다. 30년을 하루같이 출근하면서 주변에 쓰레기를 줍는 회장님을 보는 사원들은 스스로 쓰레기를 줍고 정리 정돈하는 습관을 가지게 된다. 회장님의 말이 없어도 스스로 회장님보다 먼저 실천하는 행동을 하게 된다.

이처럼 조직관리에는 틀에 정해진 규범을 강요하기보다는 스스로 틀을 만들어 행동으로 실천하도록 만드는 감동의 리더십이 필요하다. 의도적으로 감동시키는 것은 오래가지 못하지만, 30년을 하나같이 실천하는 회장님의 행동이 자생적으로 존경심과 애사심을 키운다.

가능성 리더십

| 나눔이 없으면 가능성도 없다 |

  빌게이츠가 물질적 나눔을 실천했다면 스티브잡스는 정보적 나눔을 실천했다. 빌게이츠는 기부천사로 알려져 있으나 스티브 잡스는 몇 번 정도의 기부가 전부이다.

  잡스는 정보를 나누면 시너지 효과가 창출된다는 것을 알았다. 선배 위즈니악의 아이디어를 보고 새롭게 만들어 내는 창조적 가능성으로 성공했다. 애플의 경쟁력은 정보의 나눔으로 창출되었다.

  빌게이츠도 정보의 나눔으로 성공했지만 두 사람의 성장과정이 다르기 때문에 서로 다른 방법으로 나눔을 실천했다고 볼 수 있다. 가정에서 어머니의 역할이 있고 아버지의 역할이 있다. 서로 다른 역할을 하지만 가족이라는 틀에서 나눔의 역할을 하는 것과 같다.

  말없이 행동하는 아버지가 자식에 대한 사랑이 없다고 말한다면 모순이다. 보이지 않게 실천하고 항상 마음속에 간직하고 가족을 지키려는 아버지의 행동은 또 다른 나눔이다.

어머니의 자생한 보살핌이 지나치면 자녀에게 부담이 될 수도 있다. 나눔은 적당함이 필요하다. 그릇에 물이 넘치도록 붓는 것은 올바른 나눔이라고 발하기 어렵다.

조직은 나눔의 문화이다. 서로의 정보와 경험을 나누어 각기 다른 역할을 통하여 조직의 경쟁력을 창출시키는 것이다. 나눔이 없다면 가능성도 없는 것이다. 따라서 성공하려면 나눔을 실천하는 방법을 배워야 한다.

무엇을 나눌 것인가?

자신의 가치를 만들지 못하면 나눌 것이 없다.

기부문화가 한국사회에 정착되고 있다. 무엇을 얼마나 기부할 것인가? 재능기부는 기부문화의 꽃이다. 각기 다른 재능을 사회에 나눠주는 사회가 건전한 사회이고 국가가 된다. 나눔은 상대적이다.

| 최악에서 최선을 생각한다 |

스스로 만든 회사에서 쫓겨나는 기분은 당사자가 아니면 모른다.

스티브잡슨 스스로 만든 애플에서 쫓겨났다. 화병이란 이런 경우에 발생한다. 지나친 화병은 폭력과 자해 등의 급격한 행동을 만들게 된다.

성장 과정에서 ADHD 증세는 대부분 경험한다.

증세가 발생할 때 주변에 따라서 악화되기도 하고 자신도 모른 사이에 사라지기도 한다. 아인슈타인, 에디슨 모두가 ADHD 증세를 경험했지만 세계적인 과학자 발명가로 명성을 남겼다.

성장 과정에서 중요한 것이 교육환경과 방법이다.

잡초의 생명력이 높은 것은 환경에 적응하는 힘이 있기 때문이다. 스스로 문제를 해결하는 습관을 키우는 교육이 성공과 실패를 결정짓게 한다.

어떻게 상황을 급복할 것인가를 가르치는 교육이다.

최악에서 최선을 생각한다.

스티브잡스는 치밀어 오르는 화를 참으며 이를 극복하기 위해 병원에서조차 남들이 생각하지 못하는 생각을 했다. 최악의 조건에서 최선을 생각을 하는 것이다.

문제아 스티브잡스의 도전

스티브잡스는 어린 시절 남들이 경험하지 못하는 양부모의 가난 속에서 성장했다. 학교에서는 문제아이었지만 어려움 속에서 인내를 배우며 사회적응력을 키웠다. 우물 안 개구리식의 보호 속에 성장한 보편적인 아이들과 다른 성장 과정을 경험했다.

대학을 졸업자는 못하였지만 현실에 적응하며 선배 위즈니악과 함께 자신이 생각한 컴퓨터 개발에 몰두하였다. 아무도 만들지 못했던 컴퓨터를 제작하여 판매하면서 미래 시장을 보게 되었다. 엄두조차 내지 못했던 컴퓨터는 그들의 도전에서 탄생되었다.

남들이 보지 못하는 것을 보고 듣지 못하는 소비자의 욕구를 들으며 맥킨토시라는 프로그램으로 성공하게 되었다. 기존의 틀을 깨는 발상은 성장 과정의 끝없는 도전 경험에 비롯되었다. 지금보타 낫은 가능성을 찾았다.

| 가능성 교육 |

IBM이 독점하던 시장에서 무모할 정도의 도전은 의외의 반응을 얻었다. 모두가 마음속으로 생각하였지만 아무도 실천하지 않았던 맥킨토시의 시장은 무한 가능성을 보이며 급속도로 성장하였다.

주변에 보면 많은 사람들은 안정적인 것을 선택한다.

무모하다는 소리를 듣는 것조차 두려워한다. 이번에 실패하면 끝이라는 강박감은 행동을 제한시켜 도전하지 못하게 만든다. 안 된다는 생각부터가 생각을 제한시켜 남과 다른 생각이나 행동을 억제시키는 것이다.

나는 전공 공자가 아니다. 라는 스스로 자신을 억압하거나 주변으로부터 전공자도 아닌데 도전하는 것은 어리석다는 말을 들으면 행동에 억압을 느끼는 것은 누구나 마찬가지이다. 이러한 주변의 소리를 무시하고 자신이 옳다고 판단되면 도전하는 정신이 성공을 만든다.

안 된다는 것보다 가능성이 있다는 자신감을 찾아라.

잡스는 성장 과정에서 안 된다는 소리조차 해주는 사람이 없었을 것이다.

스스로 자신의 행동에 책임을 져야 했다. 주변에서 똑순이라는 별명을 듣는 사람들의 공통점은 누구도 안돼! 라는 소리를 해주는 사람이 없다는 것이다.

가능성을 보는 능력을 키우려면 "안 돼!"를 말하지 마라.

스스로 선택하는 능력을 억압하는 말이다. 평생 동안 자식을 돌보는 부모는 없다. 자식이 성장하면 스스로 자신의 행동에 책임지는 교육이 필요하다. 이렇게 하면 안돼! 라는 단어는 생명과 직결되지 않는다면 할 필요가 없다.

연필을 칼로 깎다가 다쳐본 경험이 있으면 어떻게 칼을 다뤄야 하는가의 방법을 알게 된다.

가능 성교육은 나눔의 경험교육이다.

| 나눔으로 평가하는 발전 가능성 |

"위험하니 하지 말아라!"

흔히 온실 화초라는 말을 한다. 철저히 부모의 부호 아래서 성장한 마마보이를 일컫는 말이다. 성장 이후 아무것도 스스로 판단하지 못하고 선장하지 못하는 습관이 자녀의 성공을 방해한다.

스티브 잡스의 어린 시절은 스스로 판단해서 선택하는 반복적으로 경험하며 성장했기 때문에 반복되는 실패에서도 미래의 가능성을 볼 수 있었던 것이다.

학생기록부에 창의적 체험활동의 4가지가 있다.

자율활동, 동아리 활동, 봉사활동, 진로활동으로 구분되는 활동은 다양한 체험이 교육에서 중요하다는 것을 보여준다. 지나친 과잉보호로 인하여 일부 학교는 외부적인 활동을 일절 금지하는 것도 있다. 암기 위주의 교육을 지금도 강조하는 과잉보호의 부모로 인하여 발생하는 부작용이다.

창의적 체험활동의 핵심은 다양한 경험을 통해 사회성과 창의성을 발달시키기 위함이다. 동아리 활동을 통하여 대인관계를 경험하여 조직원 간의 교류를 학습시키는 교육 효과를 높이기 위함이다.

기업은 나눔을 통한 가능성을 평가한다.

삼성, 현대 등의 대기업 신입사원선발에 이공계 학생들을 뽑는 이유는 무엇일까?

대학의 수시 입시제도가 확산되는 이유에는 대학 졸업 후 취업과 관련된다. 대기업이 이공계 학생을 선발하는 이유가 문과 학생에 비례하여 이공계 학생들은 창의적 체험활동 경험이 많고 다양한 동아리 활동을 통해 사회성과 창의성이 발달되어 있기 때문이다.

봉사활동, 동아리 활동 등을 통해 나눔 활동을 경험했기 때문에 입사 이후 조직 적응도가 높고 원만한 조직생활을 유지하기 때문에 기업의 경쟁력창출에 도움되는 이유가 이공계 선발이다.

과잉보호, 암기와 주입교육으로 폐쇄적인 문과 학생보다 다양성을 지니고 있는 이공계 학생들을 선호하는 추세는 세계적으로 같다. 발전 가능성이 있는 사원을 선발해야 기업의 경쟁력을 창출할 수 있는 것이다. 기업의 나눔 문화는 경쟁력 창출과 연계된다.

나눔으로 발전 가능성을 평가한다. 나눔의 경험은 발전 가능성 평가 요소이다. 발전이란 지속적인 변화를 통한 경쟁력 창출을 의미한다.

정주영의 나눌수록
커지는 대화 리더십

| 불가능도 가능하게 만드는 힘 |

현대그룹의 창업자 정주영은 스스로 문제점을 극복하는 방법을 대화에서 찾았다. 모르는 것은 주저하지 않고 묻고, 자신의 지식으로 만들었다.

주어진 문제의 단어와 공식만을 주입하고 암기시키는 정규교육을 오래도록 받지 않았기 때문에 오히려 세상의 살아 있는 지식을 자신의 지식으로 만드는 방법을 알았던 것이다. 서해만 간척지를 만든 간척지 공법은 공학박사들조차 반대하며 불가능하다는 문제를 해결한 정주영이었다. 간척지 공법의 박사들도 불가능하다는 문제를 해결했던 비결은 어디에 있을까?

평소 정주영은 모르면 물어보는 습관이 있다. 배웠다는 사람들의 약점이 스스로 자신이 모르는 문제에 대하여 인정하지 않고 아는 체하는 습관이다. 그러나 교과서에 나온 자료는 이미 지나간 자료일 뿐이다. 현실에 대해 모르고도 아는 체하는 것이 실패의 원인이다.

"모르면 물어보세요."

선생님이 학생들에게 가장 많이 사용하는 말이다. 그런데 진짜 문제는 정작 물어볼 때 발생한다.

"아니, 그거 조금 전에 설명해 준 것인데 모른단 말이냐?"

모르면 물어보라고 해서 물으면 야단을 맞기 때문에 학생들은 몰라도 질문을 하지 않게 된다. 자존심을 흔드는 교육이 암기 주입교육의 실패 요인이다. 질문을 하라고 하면서 질문을 못하게 만드는 교육에서 성장한 학생들이 급변하는 사회에서 성공한다는 것은 어쩌면 불가능할지도 모른다.

정주영은 모르면 반드시 물어서라도 알고 간다. 창피, 체면, 자존심 등의 단어는 그의 인생에서 장식물과 같았다. 자신이 생산하는 제품을 두고도 40년을 사용하는 근검과 성실에 의한 생활습관이 거추장스러운 장식물을 좋아할 이유가 없었던 것이다. 그는 아무도 도전하지 않는 무모한 도전에도 철저히 준비하고 도전했다.

| 벽이 없는 대화 |

대화는 나눌수록 커진다. 질문은 질문을 만든다. 학생들의 질문을 원천적으로 봉쇄해 버리는 교사에게서는 훌륭한 제자가 배출될 수가

없다. 교사의 사명감이 없는 교육이 대화를 차단시키는 동시에 훌륭한 인재의 배출을 가로막고 있는 것이다.

민족사관고등학교와 같은 우수한 학교는 대화와 토론에 의한 교육 때문에 명성을 얻고 있다. 인간의 두뇌는 태어날 때는 큰 차이가 없다. 성장 과정에서 어떤 방법으로 누구에게 교육을 받았는가에 따라서 두뇌는 급속하게 성장한다. 따라서 자녀에게 좋은 옷보다 귀한 것은 많은 대화이다.

정주영은 인천부두에서 노무자로 일하면서도 성실했다. 남보다 먼저 출근했고 남보다 많은 짐을 들고 날랐다. 회장이면서도 노무자들과 함께 서슴없이 술을 나눠 마셨던 것은 대화의 소중함 때문이다. 대화에는 벽이 없어야 한다. 정주영의 성공은 벽이 없는 대화에서 시작되었다.

조직관리에서 대화는 무엇보다 중요하다. CEO를 비롯한 관리자와 현장근무자 간의 대화는 조직을 활성화시키기 때문이다. 그래서 대화가 없는 조직에겐 미래도 없다.

대화의 방법은 다양하다. 직접적인 방법과 간접적인 방법으로 구분된다. 오늘날 SNS는 간접대화 방법으로, 짧은 시간에 다수와 대화하며 미래의 대화 방법이기도 하다.

| 대화하는 조직을 만들어라 |

"김 대리, 의상이 잘 어울려요."

"박 과장, 요즈음 한국 자동차도 잘 나오는데!"

"오 부장, 선택능력이 뛰어납니다."

CEO의 한마디가 활기 있는 기업 분위기를 조성한다. 대화는 언제든지 마음만 먹으면 할 수 있다.

지금의 시대적 변화는 대화를 요구하고 있다. 자녀가 무엇을 생각하고 있는지? 사원이 무엇을 생각하고 있는지? 소비자가 무엇을 원하고 있는지? 대화를 하지 않는다면 가정은 파탄되고, 기업은 폐쇄되고, 소비자는 떠나가는 시대이다.

그 때문인지 소통 강의가 중요한 강의 주제가 된 오래되었다. 문제는 어떻게 소통을 하는가에 대한 질문이고 실질적인 연습이다. 같은 말에도 감동해서 눈물을 흘리는 경우가 있다. 상대의 말에 공감하기 때문에 자연스럽게 반응하는 것이다.

상대의 감정을 자극시키는 방법에는 두 가지가 있다. 감정에 흥분하거나 공감하는 반응이다. 소통은 공감하도록 만드는 방법이다. 상대 입장에서 이해되는 순간, 공감한다.

"나도 그렇게 생각하는데!"

"가슴속 응어리가 풀리네."

"나도 동참하겠네."

모두가 공감에서 나오는 반응이다.

자녀의 성공은 모든 부모의 바람이다. 대화는 없고 재산이 많은 가정보다 재산은 부족하지만 대화가 있는 가정의 자녀 성공비율이 높다.

"아버지는 말이 없어요."

1960년대 부모는 일터에서 24시간 일만 하다가 말할 시간을 잃어버렸다. 당시는 아버지는 말이 없는 사람으로 구분되었지만, 당연한 사회적 분위 때문에 모두가 인정하는 시대였다. 그러나 그에 비해 오늘날 아버지는 시간적 여유가 있다. 마음만 먹으면 시간을 만들 수 있다.

자녀가 원하는 것은 하루 종일 하는 대화가 아니다. 아침저녁 만났을 때 주고받는 짧은 대화, 주말이나 한 달에 한두 번이라도 등산을 가거나 운동이나 여행을 하면서 나누는 대화이다. 자녀는 자신이 무엇을 생각하고 있는가에 대한 부모의 관심을 확인하고 싶어 한다.

평소에 말이 없던 부모가 갑자기 자식을 놓고 대화를 한다면 대화를 나눌 자녀는 없다. 따라서 대화는 언어보다 평소의 관심이 중요하다.

"옷이 어울린다."

"성적이 올랐다며?"

"친구들과 잘 지내지?"

"요즘 너희들이 좋아하는 게 뭐지?"

작은 관심에서 자녀는 부모에 대한 존경과 가족에 대한 소중함을 느낀다. 가족에 대한 소속감과 자신에 대한 자존감, 주변에 대한 연대감에서 자녀는 스스로의 행동을 통재하고 자신의 꿈을 키우게 된다.

오른손이 모르게
하는 감동 리더십

표시는 중요하다. 길 잃은 사람에게 안내가 되고, 서로의 생각을 교류하는 방법이기도 하다. 문제는 목적이나 내용이 없는 허울의 표시이다. 명분을 좋아하는 사람들이 나타내는 표시이다.

"오늘은 내가 쏜다!"

기분이 좋아 나타내는 표시이지만, 남에게 도움을 주는 긍정성이 있다.

"나도 참여하고 있다는 것 알지?"

역할도 없고 행동하지도 않으면서 입으로 동참하는 생색내기이다.

좋은 일은 광고하지 않아도 많은 사람들이 알게 된다.

"얼굴 없는 기부자가 왔다 갔습니다."

거금을 기부하고도 이름조차 밝히지 않는 기부자를 기자가 추적해 보니 거리의 노점상이었다. 자신도 넉넉하지 않으면서 일 년 내내 번 돈을 기부하는 사람들도 있다.

"어떻게 아셨죠? 미안하지만 비공개로 해 주세요."

나눔의 행동을 비공개로 요청하는 그들이 존재하기 때문에 사회가 건전하다. 정치인이나 일부 공무원들은 아무것도 실천하지 않으면서 미디어를 통해 보잘것없는 행동을 공개하기를 원한다. 거짓의 나눔이다.

기부도 하지 않는 사람이 나타나서 대표임을 자임하며 기부를 자랑하는 사람도 있다. 결국, 들통 나서 도망을 치는 사례를 주변에서 볼 수 있다. 자신의 치적이 아니면서 국민의 세금으로 거대한 플래카드 만들어 홍보에 전념하는 파렴치한의 공무원이나 기관장도 있다.

진심으로 나누는 사람은 비공개를 원하고, 거짓은 공개를 원한다. 진실한 나눔은 영원히 기억되지만, 거짓은 결국 들통 나게 되어 있다. 나눔이 오래 지속되는 이유는 감동을 주기 때문이다. 자신의 고통을 감추고 남을 돕는 나눔이 미래를 이끌어 가는 리더십이다.

| 선진국가의 기준이 나눔이다 |

선행은 모범적 행동이지만, 계획적으로 하지 않는다. 평소의 마음이 돌발적 상황에 나타나는 모범적 행동이다. 급박한 사회에서도 선행 사례가 나타날 때 살아가는 느낌을 느끼는 이유는 무엇일까?

누구나 선행에 대해 감사하고 자신도 하고 싶은 욕망을 가지고 있기 때문이다. "누군가에게 도움이 될 수 있다면 당신은 어떻게 하실 건가요?"라는 질문에 대다수는 도와주겠다고 답한다.

기자가 물었다.

"선생님은 평소에 어떤 선행을 하셨나요?"

"나에게는 기회가 없었다."

답답한 표정으로 대답하는 사람들이 의외로 많다.

선행에 기회는 항상 존재한다. 그럼에도 기회가 없어 선행을 하지 못하다고 말하는 것은 올바른 나눔의 선행이 아니다.

"모범이 되어라."

준법이나 규칙을 지키는 것보다 쓰레기를 줍고 노인의 짐을 들어 주고 지하철의 자리를 양보하는 행동이지만, 피곤에 지친 사람은 양보라는 개념이 없다. 선진국가의 구분은 경로석은 비어 있어도 앉지 않는 것이다.

"젊은이, 자리가 비었으니 앉아도 돼."

지하철을 타고 가다 보면 비어 있는 경로석을 젊은 사람에게 양보를 하듯이 앉아도 된다고 허락을 하거나 서 있는 사람을 앉게 하는 경우가 있다. 젊은 사람에게 배려하는 잘못된 모습이다.

규칙이나 나눔은 실행할 때 지속되고 가치가 나타난다. 당신은 빈 노인자리에 앉는 것이 현실적이라고 생각하는가?

나눔의 배려는 어색하고 불편하고 손해를 보는 것 같지만 실행함으로써 나타난다. 비어 있는 경로석은 언제든지 노인이 앉게 만들어 가는 사회가 선진국가로 평가받는다.

| 칭찬의 나눔 |

"목사님이 칭찬 잘하시는 분 추천하시는 분은요?"

"○○○ 운전사입니다."

"기사님이 추천하실 분은요?"

"○○○ 보살님입니다."

"보살님이 추천하실 분은요?"

"생선가게 아주머니입니다."

"아주머니께서 추천하실 분은요?"

"○○○ 신부님입니다."

칭찬은 칭찬으로 이어진다. 대개 칭찬은 서민이 많고 종교인으로 이어진다.

그렇다면 정치인이 칭찬에서 빠지는 것은 어떤 이유일까? 그들은 말과 행동이 일치하지 못할 뿐만 아니라, 선거 때마다 거짓말로 상대를 유혹하기 때문이다.

"무엇 때문에 칭찬하시나요?"

칭찬하는 이유는 단순하다. 내가 못하는 것을 한다든지, 남보다 먼저 봉사하거나 남에 대한 존경심, 상대에 대한 배려 등이다.

나눔 실천을
통한 변화 리더십

| 우물 안 개구리 이야기 |

'우물 안 개구리'라는 말을 듣는다면, 어떤 느낌을 받을까? 주변으로부터 '우물 안 개구리'라는 평가를 받는다면 깊이 생각을 해 봐야 한다. 우물 속 왕은 글로벌시대에 경쟁력 가치가 없기 때문이다.

매일 물을 길어 오는 소년가 우물 속 개구리에게 말했다.

"개구리야, 이제 그곳에서 나오렴."

개구리는 우물 속에 먹을 것이 풍부하고 맑은 물이 좋아서 밖으로 나간다는 생각을 해 보질 않았다. 소녀의 외침에도 개구리는 들은 척도 하지 않았다. 혹시 우물을 빼앗으려고 나오라고 하는 것은 아닐까 의심했다.

"개구리야, 이 밖은 얼마나 넓은데 좁은 데서 뛰지도 못하잖아."

"무슨 소리야? 마음대로 뛰고 수영도 하는데!"

"그래 봐야 우물 안이잖아."

"웃기지 마! 너는 내가 수영하는 물을 매일 마시고 있잖아?"

"그래, 고마워서 세상 구경시켜 주려는 거야."

"거짓말, 내가 나가면 우물을 차지하려는 거지?"

"아니야, 여기는 너와 같은 친구들도 많아."

"난 여기가 좋아. 덥지도 춥지도 않거든."

우물에서 나오면 상상조차 못 했던 새로운 세계가 펼쳐지지만, 개구리는 믿지를 않았다. 홀로 지내는 것이 습관이 되어 불편한 것을 모르기 때문에 우물 속에 세상의 모든 것이 있다고 믿는다.

| 나눔은 정보 교류다 |

개구리는 물을 나눠 주는 것이 나눔이라고 믿는다. 그러던 어느 날, 갑자기 홍수가 나면서 우물 속이 흙탕이 되어 버렸다. 애타게 소녀를 불렀지만, 소녀는 도통 나타나지를 않았다. 개구리는 흙탕 속에서 나오고 싶었지만, 소녀가 내려주는 밧줄이 없어서 올라올 수도 없었다.

나눔은 정보 교류이다. 나눔을 실천하다 보면 의외의 정보를 듣는 기회를 얻는다. 주변에 많은 다양한 사람들과 연계되어 있다는 것은 다양한 정보를 얻을 수 있는 기회를 가지고 있음을 의미한다.

글로벌 시대를 흔히 '정보시대'라고 한다. 우물 속의 정보만으로 성공을 기대할 수 없는 시대이다. 그런데 나눔을 실천하는 사람들은 나눔을 통해서 얻는 것이 많다고 한다. 도대체 자신의 것을 나눠주는데 무엇을 얻는다는 말일까?

나눔은 거래이다. 내가 가지고 있는 것을 먼저 준다는 것이 중요하다. 거래를 위해 투자를 하는 것과 같다.

먼저, 나눔은 행복을 준다. 누군가의 도움이 되었다는 행복감은 그 무엇 과도 비교할 수 없는 행복이다. 도움을 받는 것보다 도움을 주었을 때 느끼는 행복은 무한하다.

나눔은 베풂의 기쁨을 얻는다. 작은 나눔이 한 생명을 살릴 수 있다. 선진국민의 하루 생활비가 후진국민에게는 한 달의 식량이 된다. 나에게는 하루의 만족이지만, 상대에게는 한 달의 만족을 주는 것이다. 베풂은 수치적으로 계산할 수 없는 가치를 창출하여 베푸는 사람에게 행복과 만족감을 준다.

| 성공 리더가 말하는 비결 |

정보를 나누지 못하는 사람은 다음과 같다.

첫째, 자신만이 최고라고 생각하는 사람

둘째, 남의 의견을 무시하는 사람

셋째, 아집과 자만이 강한 사람

성공 리더가 말하는 비결은 바로 "많이 무조건 들어라.", "임금님

귀는 당나귀 귀"라는 말에서 알 수 있듯이 당나귀 귀처럼 주변의 모든 정보를 경청하는 것이다, 현대 그룹의 창업자 정주영은 주변의 이야기를 청취하고 기록했기 때문에 세계적인 그룹을 만들 수 있다고 평가한다.

대부분의 사람은 좋은 이야기는 경청하고 귀에 거슬리는 말은 귀담아듣지 않는다. 물론 좋아하는 말을 듣게 되는 것은 자연스러운 현상이다. 그러나 리더가 이야기를 골라서 들으면 올바른 정보를 얻지 못한다.

"약은 쓴 거야."

진짜 좋은 이야기에는 비판적이거나 비교적인 내용이 담겨 있다. 달콤한 이야기에 빠져들면 올바른 판단력을 상실한다. 비판에 길들여진 귀는 올바른 이야기가 비판이라고 행각한다. 상대가 비판할 때는 다 이유가 있다.

"각하, 현명한 판단이십니다."

고민 끝에 어쩔 수 없어 내린 결정을 현명한 판단이라고 한다면 스스로 그렇게 믿고 싶은 마음이 들게 되어 주변에 의존하는 버릇이 생긴다. 조직을 이끌어 가는 리더에게는 스스로 판단하는 능력이 필요하다.

스스로 판단하는 능력은 소통을 통해 얻어지는 지혜이다. 개구리가 올바른 판단을 내리지 못하듯이 소통 없는 판단은 올바른 판단이 되기 어렵다.

나눌수록 커지는
정보 리더십

| 소통이 필요한 이유는 무엇일까? |

많은 사람들이 소통을 강조한다. 개구리 사례에서 보듯이 소녀와 개구리가 소통이 되었다면 개구리는 홀로 비참한 최후를 보내지 않았을 것이다. 개구리의 안일한 생각과 상대에 대한 부정적 사고가 우물 밖에서 일어나는 일들을 모르게 만들었다.

세상에 우물은 수없이 많다. 어떤 우물에 어떤 물질이 들어 있는가는 주고받는 대화를 통해서 알 수 있다. 상대를 인정하지 않는다면 대화는 교류되지 못하고 일방적인 전달로 끝난다.

나눈다는 것은 쪼갠다는 의미가 있다. 어떻게 쪼개는가는 사용 목적에 따라서 달라진다.

나무를 쪼갤 때에는 세우고 쪼개야 잘 쪼개진다. 자를 때는 가로로

눕혀 놓고 잘라야 한다. 나무를 정보라고 할 때, 필요한 정보는 무조건 나눈다고 커지는 것이 아니라, 세울 것인가? 혹은, 눕힐 것인가를 판단하여 정보를 수집하고 분석해야 한다. 정보는 소통에 의하여 교류되어야 시너지가 나온다.

나뭇결에 따라 쪼개야 적은 힘으로 많은 나무를 쪼갤 수 있다. 이것이 바로 나눔의 방법이다. 교류에 의한 정확한 정보가 나눔의 정보이다.

| 생각을 나눠라 |

아이디어는 어떻게 창출해야 하나?

한 사람의 생각보다 두 사람의 생각이 다양하고 두 사람보다는 셋, 넷 이상으로 늘어날수록 다양한 생각을 모을 수 있다. 무조건 사람이 많다고 다양한 생각이 많이 나오는 것은 아니다. 생각하는 목적이 같아야 하고 경험이 있어야 한다.

학생들에게 꿈을 쓰라고 했다. 무조건 쓰라고 하면 5%의 학생만이 글을 쓰고, 주제를 주고 쓰라고 하면 20%의 학생이 글을 쓰며, 사례를 주고 글을 쓰라고 하면 50%의 학생이 글을 쓴다.

위의 예에서도 알 수 있듯이 무조건 생각하라고 하면 무엇을 생각해야 하는지 방황한다. 생각하는 것과 글 쓰는 것이 같아, 생각을 나누는 방법이 글 쓰는 방법이다. 아이디어는 생각하는 것을 글로 쓰는 훈련에서 창출된다.

아이디어는 무조건 나오는 것이 아니라 방법에 의하여 창출된다. 생각을 정리하는 과정에서 아이디어가 만들어진다. 생각을 정리하는 방법은 다음과 같은 절차로 이루어진다.

① 생각나는 대로 적는다.

② 기록된 자료를 정리한다.

③ 정리하는 과정에서 생각한다.

④ 수정하여 기록하며 필요한 자료를 수집한다.

⑤ 수집된 자료를 분석하여 재구성한다.

생각을 나누는 방법을 몰라서 소통이 되지 못하는 경우가 많다.

따라서 무엇을 말할 것인가를 간략하게 적어서 말하는 습관이 중요하다. 자료 없이 말하면 필요 없는 말을 하거나 반복하는 실수를 하게 된다.

| 나눔의 방법을 찾아라 |

초등학교 교과서에 다음과 같은 나눔에 대한 이야기가 있다.

"바닷속에 무지개 물고기가 살고 있었습니다. 무지개 물고기는 아름다운 비늘을 가지고 있었습니다. 파란 꼬마 물고기가 무지개 물고기에게 비늘을 하나만 달라고 했습니다. 무지개 물고기는 비늘을 주지 않았습니다. 무지개 물고기는 점점 외로워졌습니다. 어느 날, 무지개 물고기는 다른 물고기에게 비늘을 나누어 주었습니다. 그러자 무지개 물고기는 바다에서 가장 아름다운 물고기는 아니지만 가장 행복한 물고기가 되었습니다."

마르쿠스 피스터의『무지개 물고기』줄거리다. 나눔은 나눠 주는 사람이 행복하다는 것을 어린 학생들에게 알려 주기 위함이다. 도움을 받는 사람보다 도움을 주는 사람이 행복하다는 것이 나눔의 방법이다.

배급하듯이 나누는 것은 올바른 나눔이 아니다. 시너지 효과를 창출하는 나눔이 올바른 나눔이다. 재능 나눔은 재능을 키우고, 정보 나눔은 정보 가치를 창출시킨다. 나눔의 재능을 통하여 잠재적 끼를 소질로 개발한다거나 하나의 정보를 다수의 정보로 가치를 창출시키는 것이다.

'무엇을 나눌 것인가?' 하고 나눠줄 것을 고민하는 것보다 '어떻게 나눌 것인가?' 하고 나눠 줄 방법을 생각하는 것이 중요하다. 누구에게나 나눠 줄 것이 있기 때문이다.

자신이 지니고 있는 재능이나 생활문화, 정보와 경험은 상대에게 귀중한 기능이 되고 문화가 되며 정보가 된다. 특히 실패나 성공의 경험담은 성장하는 학생이나 교육생에게 귀중한 재산이 된다. 나눔 방법은 진솔하게 적극적으로 참여하는 것이다. 1억을 가진 사람의 100만 원보다 10만 원을 가진 사람의 1만 원의 가치가 더 크다.

협동의 5요소
백지장도 맞들면 낫다

| 이야기 속에 깃든 인성 |

"이쪽을 잡아라."

학교에서 돌아오니 어머니가 벽지를 바르고 있었다. 넓은 도배지를 혼자서 잡기는 어렵다. 돌이는 어머니가 들고 있는 반대 방향을 잡았다. 도배지는 팽팽하게 당겨졌다. 얇은 종이지만, 서로 잡았으니 균형을 이룰 수 있었다.

가벼운 백지장도 맞들면 낫다는 말은 협동을 의미한다. 가벼운 것도 맞들 듯이 무거운 것은 맞들어야 한다는 의미이기도 하다. 그리고 백지장을 맞든다는 것은 나눔과 동시에 베풂이다. 상대의 힘과 균형을 맞추려면 양보가 필요하다. 상대를 배려하는 힘의 양보이다. 상대 힘에 맞추어 나의 힘을 조절할 때 균형이 이뤄진다. 호흡이 잘 맞는다는 것은 서로에게 균형을 맞추기 때문이다.

"똑따똑딱 똑따닥 딱닥!"

어디선가 다듬이 소리가 들리는 듯하다. 아련한 기억 속에 들리는 다듬잇돌을 두드리던 할머니의 모습이 떠오른다. 할머니의 다듬잇방망이 소리가 멈추면 으레 나를 불렀다.

"이쪽을 잡으렴."

그때마다 나는 할머니와 양쪽을 잡아당기며 놀이를 했다.

다리미가 모든 것을 해결해 주는 시대에 시골에서는 가끔씩 다듬이로 옷감을 빳빳하게 손질하여 입는 사람도 있다. 시대가 변하면서 상대와 대화하는 방식이 기계에 의해 사라졌듯이 우리 고유의 전통 또한 사라지고 있다.

빨랫감을 마주 잡아당기며 정을 나누었던 시절에는 이야기를 주고받았다. 평소에 나누지 못했던 이야기를 하는 동안 할머니가 들려주는 옛이야기는 구수했다. 방망이의 리듬은 이야기의 리듬이었다. 옷감을 당기면서도 양손을 뻗어 좌우로 흔들었던 기억이 나눔과 협력의 방식을 학습 받았던 것 같다.

빨래를 다듬잇방망이로 두드리며 주고받은 이야기는 인성교육이었다. 할머니의 어릴 때 이야기부터 마을 사람들의 이야기까지, 사람이 살아가는 이야기 속에 올바른 인성의 자세부터 인사하고 대화하는 모든 이야기가 들어 있었다.

"얼쑤!"

이야기나 노래는 주고받아야 재미가 늘어난다.

강사가 신바람 나는 것은 교육생이 반응할 때이다. 강사는 열심히 말하는데 교육생은 아무런 반응을 하지 않는다면, 그야말로 맥 빠진 강의가 된다. 박수를 치고 질문을 하는 교육장에서는 교육생이나 강사의 열기가 넘친다.

이처럼 일방적 이야기보다는 중간 중간에 맞장구를 쳐 주는 대화방식이 재미와 흥미를 이끈다. 창을 듣던 사람이 중간 중간에 추임새를 넣어야 신바람 나게 노래를 하는 것도 마찬가지이다.

이야기를 재미있게 하는 사람의 특징은 상대를 이야기 속으로 잡아당긴다는 것이다. 이야기 속의 주인공이 말하는 사람과 듣는 사람이 되어 있을 때, 이야기는 한결 진지해지고 모두가 빠져들어 간다.

"감동했어요!"

이야기를 듣거나 영화를 보고 난 다음에 이어진 청중의 소감이다.

감동은 이야기가 자신의 생각을 자극시켰다는 것으로, 상대의 생각과 교류했다는 것이다. 진실성이 없다면 상대와 공감하지 못한다. 솔직하게 고백하는 아이를 야단치지 못하는 것은 그 아이의 마음에 공감하기 때문이다.

인성교육의 핵심은 바로 이 공감에 있다. 자녀와 공감하고 학생과 공감한다면 서로의 대화가 소통되었다는 것이고, 상대의 생각이나 행동을 이해한다는 의미이다. 마음은 서로 소통할 때 교류되기 때문에 방황하지 않는다.

따라서 인성교육에서 중요한 시간은 상대의 마음을 이해하고 공감하는 시간이다. 눈을 감고 상대방의 입장을 생각하는 훈련에서 마음에 여유를 만들어 줄 수 있다. 마음의 여유가 있으면, 인격적으로 안정감을 가지게 된다. 마음의 여유가 없고 급박한 상황일 때 불안하고 초조해지기 때문에 성격이 난폭해지는 것이다.

대화는 마음의 여유를 만들어 준다. 추임새와 같이 상대노래나 이야기에 맞장구를 치는 습관이 차분한 성격을 만든다.

"엄마 생각도 너와 같아."

"아빠도 네 생각에 동의해."

간단한 말 한마디가 자녀의 마음을 안정시킨다.

"그걸 말이라고 해?"

"어떻게 그런 생각을 하니?"

"엄마나 아빠는 네 생각을 이해하지 못해."

이런 말이 자녀를 고립시킨다. 자신을 아무도 이해해 주지 않는다는 것을 인식한 순간, 마음은 초조해지고 불안감에 자신도 이해하지 못하는 난폭한 행동을 하게 된다.

| 협동은 함께 생각하고 행동하는 것이다 |

학교 구석에서 담배를 피우는 모범생을 만났다.

"아니! 너도 담배를 피우냐?"

학생과 교사의 눈이 마주치자 학생은 당황했다.

"무슨 맛인지 알고 싶어서요."

말꼬리를 흘리는 학생을 보며 A 교사는 빙그레 웃으며 한마디 던졌다.

"몸에 안 좋은 거는 알지?"

"답답하면 운동을 하는 게 낫지 않겠니?"

같은 상황에서 B 교사는 전혀 다른 모습이었다.

"야, 너 범생이가 담배를 피워?"

"알고 보니 겉만 범생이었구나?"

A 교사의 반응에서 학생은 자신의 행동을 생각하지만, B 교사의 경우에 학생은 반항하게 된다. A 교사를 만난 학생은 "아차! 담배는 안 좋아!" 하는 생각을 하고 자제력을 가지게 되지만, B 교사를 만난 학생은 "웃기네!" 하면서 반항적으로 담배를 더 피우게 된다.

교사에게는 학생이 담배를 피우게 된 이유를 이해하는 태도가 필요하다. 이처럼 상대방의 입장에서 이해하는 행동은 '협동'이다. 담배를 피우는 학생의 입장에서 담배가 해롭다는 생각을 하도록 협력하는 교사의 교육방식은 협동이다. 협동은 함께 생각하고 행동하는 것이다.

| 줄다리기에서 이기는 법 |

"영차기 영차!"

운동회에서 빠지지 않는 것이 청팀 백팀이 함께 줄을 당기는 게임이다.

팀마다 맨 앞에 힘이 강한 사람을 세운다. 경기에서 이기는 비결은 힘이 강한 사람이 얼마나 많은가보다 팀원이 합심해서 한순간에 당겨야 이긴다는 것이다. 이를 통해 한두 사람의 강한 힘보다는, 약하지만 함께 뭉치는 힘이 더 강하다는 것을 알 수 있다.

백지 종이이지만 함께 잡아 주면 힘이 줄어드는 느낌이 드는 것은 함께하기 때문이다. 더구나 빨래를 마주 잡으면 힘은 반으로 줄어들고 빨랫감도 더욱 빳빳하게 만들 수 있다. 협동이란 사회생활의 기본이고 성공의 비결이다.

백지를 잡을 때 서로가 힘을 조절해야 수평을 유지할 수 있다. 손이 크면 종이를 가볍게 잡을 수는 있지만 단단하게 잡기는 어렵다. 함께 잡는 종이는 작은 손이 조화와 균형으로 잡을 때 단단하게 잡게 되는 것처럼 함께 잡는다는 것은 한쪽으로 기울어지지 않게 서로의 힘을 파악하고 조절하는 협력이 중요하다.

줄다리기 게임에서 이기는 방법이 힘의 합심이라고 했듯이 서로의 입장에서 생각하는 습관을 키우면 올바른 인성으로 성장할 수 있다. 큰 손으로 강하게 잡으면 종이 균형을 유지하기 어렵다. 사회는 균형이다. 한쪽으로 기울어지는 사회는 불안감과 불만을 만들게 된다. 생활의 균형을 이루는 사회가 행복한 사회이기 때문이다.

가족의 일원으로
사회성을 키운다

| 가족의 소속감이 중요한 이유 |

"아들!"

"딸!"

부모가 자녀를 부를 때 호칭이다. 가족 구성원으로서 소속감을 심어 주고, 가족으로 자녀가 중요함을 일깨우는 호칭이다. 자존감이 부족한 아이들은 가족구성원에 대한 개념이 부족하다.

부모가 불러 주는 호칭이 자녀에게 가족의 자존감을 심어 준다. 아버지가 자랑스런 아이는 말과 행동도 조심한다. 자신의 행동이 아버지에게 나쁜 영향을 줄 수도 있다는 생각 때문에 스스로 말과 행동을 조심하게 된다.

자랑스런 가족 구성은 올바른 자녀의 사고를 키운다. 명예를 중하게 여기는 가족과 돈을 중하게 여기는 가족의 차이는 자녀의 인성교육에서 큰 차이를 보인다. 가난하지만 명예를 중요하게 여기는 가정에서 성장한 자녀는 말과 행동을 조심하지만, 돈을 중요하게 여기는 가정에서 성장한 자녀는 이익을 위해 말과 행동을 쉽게 바꾼다. 말과 행동을 얼마나 중요하게 생각하는가에 대한 개념의 차이 때문이고, 인성교육의 중요도에 대한 인식의 차이 때문이다.

'약방에 감초'라는 말이 있다. 한약에서 감초가 빠지면 약효가 없다고 한다. 이처럼 자신이 빠지면 가족회의가 안 된다는 생각을 심어 주는 교육이 필요하다. 케네디 로즈처럼 가족의 소속감을 심어 주면, 자존감도 성숙된다.

가족 구성원은 아버지, 어머니, 아들, 딸 등으로 이루어진다. 구성원이 많으면 형제간에 다툼도 많지만 그만큼, 아니 그보다 더 다복하다.

서로 다른 생각으로 행동하지만, 서로의 생각을 하나로 만들어 가족을 형성하고, 그 과정에서 협력방법을 습득한다. 부부만이 사는 것보다 자녀가 있을 때 더욱 행복하게 보이는 것은 구성원이 많기 때문이다.

형제가 많으면 다투면서도 서로의 역할을 나누어 성장할 수 있다. 인성교육에서 사회성은 중요하다. 형제간 자연스럽게 역할을 나누어 생활하는 동안 협력을 통한 자존감과 함께 책임감이 성장하여 사회성을 습득한다.

| 사회생활의 시작은 가정이다 |

부모가 생활교육에서 타인관계를 어떻게 지도했는가에 따라서 사회적응력이 달라진다. 타인을 경계하거나 무시하는 행동을 하는 아이는 원만한 타인관계를 만들지 못한다. 집에서는 큰소리를 치지만, 밖에 나오면 한쪽 구석에서 아이들과 어울리지 못한다.

"어머니, 시간이 되시면 학교에 방문해 주세요?"

담임교사의 전화를 받은 김 여사는 사고가 났다고 생각했다.

"영남이가 심리적 안정이 필요할 것 같아서 뵙자고 했습니다."

집에서는 정상적인 아이가 학교에서는 불안과 초조함에 아이들과 어울리지 못하고 폐쇄적인 행동을 하는 것이 문제이었다.

지나친 부모의 간섭이나 통제, 보호는 원만한 타인관계를 형성하지 못하게 만드는 원인이 될 수 있다. 아이가 부모가 없으면 불안해하는 것은 과잉보호나 지나친 통제에 의한 증세이다.

사회생활의 시작은 가정이다. 지나치게 엄격한 규율은 아이의 생각과 행동을 정지시키고 과잉보호는 부모 없이는 아무것도 생각하고 행동하지 못하는 아이로 키울 수 있다.

스스로 생각하고 행동하며 반복되는 실수 과정을 통해 싸우면서 사회성은 성숙된다. 한두 명의 자녀일 때, 부모는 다양한 친구들과 어울릴 수 있도록 환경을 조성해 주어야 한다.

"어흥!" 우렁찬 사자 소리이다.

"케켕!" 날카로운 하이에나 소리이다.

넓은 벌판에서 먹이를 빼앗을 때 하이에나는 소리쳐 동료를 모은다.

사자와 하이에나는 먹이를 놓고 항상 경쟁하고 있다. 1:1의 경쟁에서 하이에나는 사자와 대결할 수 없다. 그러나 사자가 잡은 먹의 5마리 중 3마리는 하이에나에게 빼앗긴다. 하이에나는 먹이를 빼앗기 위해 "케켕" 하며 소리쳐 동료들을 부른다. 하이에나의 조직력에 사자가 물러난다.

5마리의 하이에나들이 싸우고 있었다. 자세히 보니 1마리를 4마리가 집중 공격하는 것이었다.

조직관리 방법으로 집중 공격하는 사례가 종종 발견된다. 조직력을 강화하기 위한 그들의 방법이다. 리더의 힘이 약해지면 리더 경쟁력이 치열하게 벌어진다. 강한 리더를 뽑아야 조직이 살아남기 때문이다. 리더는 조직을 위해 모든 것을 희생하는 것이다.

조직의 힘이 개개인의 부족함을 채우는 방법을 동물들은 잘 알고 있다. 개미나 벌들도 조직력에 강하다. 약자가 강자와의 경쟁에서 이기는 방법을 조직력에서 찾고 있다. 개인은 조직의 구성원으로 인식해야 한다.

세계적인 초일류기업의 비결도 조직력에서 나온다. 거대한 조직을 이끌어 가는 방법이 조직화된 구조이다.

맥도날드는 119개국에 30,000여 지점을 가지고 있으면서도 독특한

맛을 유지하는 철저한 관리로 경쟁력을 유지하고 있다. 각국의 기호성을 바탕으로 독창적인 맛을 유지하고 있어, 맥도날드 가격이 세계 경제의 물가 기준으로 이용되기도 한다. 독창적인 맛을 유지시키는 것은 맥도날드의 조직력이다.

봉사정신을 심어라

"미안하지만 이 짐 좀 들어 주겠소?"

노인이 무거운 짐을 들고 쩔쩔매며 지나가던 청년을 붙잡고 도움을 요청했다. 청년은 급하게 뛰어가던 길이었다. 난처해진 청년은 할아버지의 손을 뿌리칠 수 없었다. 급하게 전철을 타야 했던 청년은 할아버지를 부축하여 천천히 전철로 이동했다. 할아버지는 청년에게 고맙다는 말을 수없이 반복했다.

"고마워요. 모두가 거절하고 갔는데, 청년이 도와줘서 잘 내려왔네."

엘레베이터로 짐을 들고 전철 안으로 들어온 할아버지는 청년에게 고맙다는 인사를 반복했다. 청년은 할아버지를 부축하고 오는 동안 시간이 지체되었지만, 웃은 얼굴로 인사를 하고 전철을 탔다.

그로부터 몇 달 후, 청년은 아버지의 친구를 만나는 장소에 나가게 되었다. 수없이 면접을 보았지만 떨어지는 아들을 친구에게 소개하기 위한 자리이었다. 얼마를 기다리고 있을 때, 아버지 친구분이 오셨다. 그리고 옆에 낯익은 노인이 같이 오셨다. 서로 인사를 하고 커피를 주문을 하는 순간, 노인이 청년을 바라보다 말을 건넸다.

"혹시, 전에 내 짐을 들어준 청년이 아닌가?"

노인의 말에 청년은 할아버지를 바라봤다. 옷차림이 바뀌었지만, 분명 몇 달 전 급하게 면접 보러 갈 때 만났던 할아버지였다.

"안녕하세요?"

"맞아, 그 청년이구먼!"

할아버지는 아들에게 청년과의 만남을 이야기하며 고마움을 전했다.

"아니, 그럼 자네 아들이 그때 도와주었던 청년인가!"

당시 늦게 도착한 면접에서 떨어졌지만, 청년은 할아버지의 웃던 모습을 기억하며 떨어짐을 원망하지 않았다. 아버지가 학창시절 친구에게 자존심을 버리고 아들의 취업을 부탁하러 왔던 자리에서 벌어진 일이다. 아버지친구는 L그룹의 인사담당이었던 것이다.

"자네, 내일 이력서 들고 오게. 친구는 자식교육을 잘했구먼, 부럽네."

청년의 아버지는 당황스러웠다. 차마 친구에게 아들의 취업을 부탁한다고 말을 하기 어려웠던 입장에서 자연스럽게 친구가 먼저 입사를 추천하는 모양이 되었다.

"우리 회사는 인성을 가장 중시하네. 자네 아들의 행동을 보면 다른 이야기는 들을 필요도 없네. 자네 아들은 내가 책임지겠네."

아버지 친구는 거듭 감사를 표하며 아들의 취업을 약속했다. 청년의 아버지는 친구 사이에서 자존심도 얻었고, 자식교육에 대한 자부심도 얻었다.

"세상은 내가 조금 손해 본다는 마음으로 사는 거란다."

청년의 아버지가 평소에 자식에게 반복하여 들려주었던 이야기이다.

인성은 생활 속 대화에서 성장한다. 청년의 아버지는 어려서부터 생활을 통해 자신의 이야기를 들려주었다. 게임을 하거나 놀이터를 갈 때나 자연스런 대화를 통해 어떻게 생각하고 행동하는 것이 올바른 생각하고 행동인가를 가르쳤다.

가끔은 독서를 하면서 서로의 생각도 나누었다. 책 속의 주인공이 어리석을 정도로 바보스럽게 자신의 것을 나눠 주는 이야기를 하면서, 나눠 주는 것이 어리석은 것이 아니라 베푸는 것이고 베푸는 행동은 은덕을 쌓는 것이라는 이야기는 청년의 성장 과정에서 자연스럽게 습관처럼 배어 있었다.

면접을 보기 위해 급하게 가던 날에도 평소 아버지가 이야기해 주었던 것을 행동으로 실천했던 것이었다. 지금 내가 조금 손해 보는 것 같아도 멀리 보면 이익을 될 수 있다는 책 속의 주인공이 결국 청년이 되었다.

평소 가르침이 인성의 근본이 된다. 인성을 위한 인성교육은 효과가 작지만, 인격이나 도덕성을 위한 생활교육은 평생 동안 가르침으로 기억된다.

준법정신으로
공생공존을 가르친다

| 준법정신은 가족에서 시작된다 |

"먼저 타세요."

앞에 노인이 서 있든 말든 먼저 타서 버젓이 자리에 앉는다. 먼저 앉는 것이 임자라는 세상이다. 공중질서는 순서를 지키는 것만이 아니라, 노인에 대한 공경심을 나타내기 위한 사회도덕의 지표이다. 노약자를 위한 자리에 젊은 청년이 다리를 꼬고 앉아 있는 모습을 볼 때 가슴이 아픈 이유는 어른에 대한 공경보다 사회도덕에 대한 예절조차 모르기 때문이다.

용산에서 인천 가는 급행열차에서 흔히 보는 모습이다. 분명히 노인이나 임신부 자리로 구분되어 있지만, 20대 아가씨들이 재빠르게 타서 핸드폰에 빠진 척하거나 눈을 감고 명상을 하며 자릴 차지하고 뻔뻔스럽게 앉아 있는 모습을 볼 때면, 사회의 어둠이 느껴진다.

도대체 어쩌다가 이런 세상이 되었을까?

부모교육의 잘못이다. 어른을 공경하는 것이 손해라는 인식을 가르치는 부모가 있기 때문이다. 나이 든 부모를 학대하는 부모를 보고 자란 자녀가 어른을 공경한다는 것은 있을 수 없는 일이 되어 버렸다. 부모를 공경하지 않는 자식을 보고 자란 자녀는 부모를 공경하는 방법을 모른다.

준법정신은 가족에서 시작된다. 부모에 대한 공경심이 사회의 도덕 정신이 된다.

어른에 대한 예절은 양보가 아니라 배려이고 어른과 더불어 살아가는 지혜이다. 협동의 미덕인 것이다. 함께 살아가는 사회에서 어른을 공경하고 약자를 보호하는 생각과 행동이 바로 더불어 살아가는 지혜이다. 자신의 가치를 인정받는 방법은 함께 살아가는 협동과 협력이다.

| 나는 어떤 부모인가? |

아주머니가 머리에 짐을 이고 갈 때면 어느 사이 번개처럼 청년이 나타나서 짐을 들어 준다.

"어디까지 가세요? 이리 주세요."

"아니, 괜찮아요."

"이렇게 무거운데요."

흔히 보았던 모습을 이제는 어쩌다 마주치는 행운처럼 보인다.

여성에 대한 배려와 보호가 사라지고 동등한 남녀관계로 변질되어 버린 사회가 원망스러울 때도 있지만, 자식에게는 백의천사나 번개처럼 도움을 베푸는 청년으로 성장하기를 바라는 마음이 어머니의 마음이다.

부부관계에서 부모님의 역할은 준법을 가르치는 효력이 있다. 아버지에 대한 믿음과 신뢰를 보여 주는 어머니를 보고 자녀는 준법을 학습한다. 아버지가 어머니에 대한 보호 자세를 보고, 자녀는 준법 정신을 준수하는 학습을 하는 것이다.

술에 취해 비틀거리는 아버지, 욕설과 폭력으로 가족에 무관심한 아버지나, 아버지를 비난하고 외면하며 저 원수를 만나서 내 인생을 망쳤다는 어머니의 원망소리를 듣고 자란 자녀가 올바른 준법을 지키고 살아갈 것이라고 믿기는 어렵다.

| 준법은 상호관계이고 상대적 기준이다 |

미국이나 선진국가 중에서는 신호등이 없는 거리가 많다. 한국에 신호등이 없다면 사고다발지역으로 구분된다. 서로 먼저 가려는 유혹과 경쟁이 무수히 많은 사고를 발생시킬 가능성이 높다.

신호등이 없는 사거리에 사고율이 낮은 이유는 무엇일까?

신호등이 없는 탓에 주변을 조심스럽게 살피게 되기 때문이다. 어

디에서 무엇을 돌발적으로 나타날 수 있다는 생각이 행동을 정지시
키는 것이다.

사회와 국가는
협동으로 존재한다

가족은 구성원이 있다. 가족단위의 구성원이 사회를 형성하고, 국가를 만든다. 가족의 협동이 사회와 국가의 협동이 되는 이치이다.

"가족이 해체되고 있어요."

이는 사회와 국가가 해체되고 있다는 것과 같다.

고속성장 속에서 가족의 해체가 심각한 문제로 부상한 지 이미 오래되었다. 앞만 보고 달려왔던 한국은 국가를 만든 사회와 사회를 만든 가족의 해체에 무관심해 왔다.

아버지의 역할이 깨져 거리의 노숙자가 되어 있고, 어머니의 역할이 지쳐서 노래방 도우미가 되어 있다. 서로가 의지하며 밤 한 톨을 나누어 먹던 시절이 엊그제 같은데, 고기밥이 아니면 먹지 않겠다는 아이를 놓고 서로가 책임지라고 싸우다 해체가 되기 시작했다.

서로의 입장을 이해하던 시절이 가고, 서로를 의심하지 않으면 불안한 사회 속에 빈번하게 터지는 불륜과 타오르는 욕망을 불출하는 거리의 방랑자가 증가하면서, 거리는 화려해지고 화려한 불빛 속으로 가족은 해체되어 희미한 불빛조차 사라져 가고 있다.

"아버지 시절에 고생한 이야기 그만 좀 하세요."

역경 속에 아름다움이 있었지만, 아이들은 '역경'이라는 단어 자체를 거부한다. 그저 눈에 보이는 환락과 화려함에 도취되어 귀를 닫고 있다. 아이들의 귀를 닫게 만든 것은 어쩌면 부모의 책임일지도 모른다.

화려한 꽃만 보여 주고 꽃이 피기까지의 고통은 덮어 버린 기성세대의 책임이 눈과 귀를 먹게 만들었다. 소쩍새가 울기까지 수많은 시간을 홀로 싸우며 지내는 것을 보여 주는 것이 두려워진 기성세대의 모순이다.

가족이 뭉치던 시절, '협력'이라는 말을 하기 전에 협동했기 때문에 협력을 가르쳐 주는 방법을 모르는 것 같다. 스스로 협력할 수밖에 없던 기성세대가 홀로서기를 가르쳐 주지 않기 때문에 아이들이 협력하지 못한다.

학교 강의에 '협동'이라는 과목은 낯설다.

"자녀의 성공이 협동에 달려 있어요."

요즈음 어머니들에게는 '협동'이라는 단어가 낯설기 때문에 자녀교육에서 이런 말은 인기를 얻지 못한다. 어머니 강의에서 가장 큰 인기는 성공의 비결이다. 학원에서 시험 교육을 하듯이 성공의 키워드만을 알려 달라는 모습에서 협동을 이야기하는 것은 모순이 된다.

세계적인 강사가 협동을 이야기하면 귀를 솟구쳐 듣는다. 언제부터인가? 사대사상이 우리의 모습이 되어 있다. 한국 역사가 사대사상으로 빈곤해졌기 때문에 타파해야 한다고 하면서, 오늘날 사대사상은 교육에서 경제까지 모든 영역을 장악하고 있다.

교육이라면 한국은 유대인과 더불어 세계 2대 강국이다. 한국의 기적은 교육에서 나왔다고 하면서 사대사상의 교육으로 되돌아가는 이유는 무엇일까?

협동은 사천 오백 년의 한국문화이고 전통이었다. 품앗이 문화는 한국의 생활이고 역사이다. 누가 말하지 않아도 스스로 서로의 품을 나누고 먹이를 나누어 먹었던 사회이다.

오늘날의 아파트 생활은 나눔의 문화를 콘크리트 속을 묻어 버렸다. 조금씩 아파트의 나눔 문화가 싹을 보이고 있지만, 아직은 찾아야만 볼 수 있는 정도에 불과하다. 전통적 품앗이 문화를 키우면 자연스럽게 협동은 우리의 생활이 될 것이다.

그런데 협동을 구호로 외치는 사람들이 변질된 협동을 만들고 있다. 아파트 단위, 지역 단위의 협동을 통해 이윤을 추구하기 때문이다. 협동이 기업의 이윤 추구로 변질되어 보급되면서 협동의 상처가 만들어지고 있다. 협동을 이용한 무리가 역사적 협동정신을 무너트리고 있다.

품앗이 문화는 이윤을 추구하지 않았고 희생을 미덕으로 생각했다. 나눔을 통한 행복이다. 서로의 품과 먹이를 나눔으로써 노동의 시너지를 창출시키고 다양한 먹거리를 만들었던 전통적 협동이 필요한 때이다.

내 입장보다
상대 입장을 가르쳐라

"상대 입장에서 생각해 봐."

"어떻게 네 입장만 생각하니?"

"상대 입장에서 생각하면 간단하게 해결되는데…….'

과잉보호로 성장하면 상대의 입장을 생각하지 못한다.

자기 입장에서 생각하고 판단하면 상대는 힘들어지고 결국 떠나게 되어, 혼자 남아 고립된다. 협력이 잘되는 조직과 안 되는 조직의 차이점은 배려와 양보의 습관이다. 상대 입장에서 배려하고 양보하는 습관을 가진 조직은 협력이 잘된다.

이에 따라 학교교육이 토론교육으로 바뀌어 가고 있다. 자기주장만 하면 원만한 토론을 진행하기 어렵다. 민주주의의 특징은 토론문화이다. 서로의 입장에서 양보하여 합의점을 만들어 가는 문화이다.

사회는 둘 이상의 모임이다. 나와 상대가 함께 존재하는 것이다. 나는 한 명이지만 상대는 다수이다. 1과 다수 관계는 다수를 통해 1이 존재하는 관계이다. 내 생각은 하나이지만 상대는 다수의 다양한 생각이 있다는 의미이다. 하나의 생각보다 다양한 생각이 사회를 구성한다.

"절이 싫으면 중이 떠나야지."

다수에 대한 배려처럼 들리겠지만, 이는 자신에 대한 오만이고 거만이다. 나만이 옳다는 생각이 오만과 거만, 자만을 만든다.

다수의 형제가 성장했던 과거에는 성장 과정에서 형제들의 입장을 고려하여 행동할 수밖에 없었다. 그러나 오늘날 한두 명의 가족구성에서 형제에 대한 배려나 고려는 없다.

이 같은 다수의 형제 역할을 해 주어야 하는 것이 바로 부모의 역할이다. 부모의 사고방식이 생활이나 교육환경보다 중요하다. 부모가 어떤 역할을 하는가에 따라서 자녀의 생각과 행동이 만들어지기 때문이다.

악조건을 최선의 조건으로 대처하는 능력이 협동이다. 상대 입장에서 생각하고 행동하는 방법이 악조건을 최선의 조건으로 바꾸는 방법이다.

자녀가 사회와 기업에서 인정받게 만드는 방법 또한 협동정신이다. 학교에서 인성이나 창의성 교육으로 사회성을 강조하고 있다. 기업에서 인정받는 사람이 원만한 대인관계를 가진 사회성이기 때문이다. 부서원끼리의 협동보다 중요한 것이 타 부서와의 협동이다.

기업의 경쟁력이 이러한 협동을 통해 창출되고 있다. 생산팀과 개발팀, 영업팀이 협동하여 새로운 기술과 상품개발을 추진하고 있는 것이다.

손을 내미는
훈련을 하라 ▌

| 부모의 폭력을 보고 자라는 아이 |

"악수해!"

교실에서 싸움이 벌어졌다. 두 아이는 서로 눈을 쏘아보며 화가 풀리지 않은 모습이다. 이럴 때마다 교사는 싸움을 마무리하는 과정으로 악수를 하게 만든다. 한참을 버티던 아이 중에 먼저 손을 내미는 아이가 생각이 크다는 것을 발견한다.

"제가 먼저 때려서 나도 때린 겁니다."

서로가 먼저 때렸다고 주장한다. 이럴 때, 누가 먼저 때렸는지를 알 수 있는 방법은 화해를 시키면 먼저 손을 내미는 아이가 맞는 경우가 많다. 때린 아이는 먼저 손을 내밀지 못한다. 때린 것이 미안하기도 하고, 또 화가 나서 때렸기 때문이다.

폭력은 잘못된 인성교육 때문이라고 한다. 부모의 폭력을 보고 자란 아이가 난폭해지는 경우가 많다. 성장 과정에서 싸우는 것이 자신을 보호하는 방법으로 인식되기 때문이고, 자기 것을 빼앗기지 않기 위해 싸워야 한다고 판단하기 때문이다.

이처럼 폭력이 몸에 익숙한 아이는 상대에게 화해의 악수를 하기 위해 손을 내밀지 못한다. 손을 내미는 것조차 자신이 피해를 입는 행동이라고 생각하기 때문이다.

피해의식은 올바른 인성발달에 장해 요인이다. 가정환경이 열악하면 난폭한 행동이 높아진다고 한다. 어쩌면 가정환경보다는 가정교육이 잘못되어 난폭한 행동이 습관화된다고 볼 수 있다. 매 맞는 부모를 보고 자란 자녀가 폭력을 사용하는 것은 본능적으로 방법적 수단으로 나타나기 때문일지도 모른다.

화목한 가정환경은 부모가 서로 손을 내밀어 잡아 주는 것이다. 서로를 위하여 손을 잡아 주는 부모의 모습을 보고 자란 자녀는 부모가 잡아 주는 손을 잡고 성장하기 때문에, 친구의 손을 잡아 주는 습관이 배어 있다.

| 할머니 손은 약손 |

"시원하지?"

어릴 때, 아플 때면 할머니는 손으로 배를 문지르며 웃으셨다.

맞벌이 부부가 되면서 할머니가 자녀를 키우는 경우가 늘어나고 있다. 부모보다 할머니가 편한 이유는 아이가 할머니의 손을 만지며 성장하기 때문이다. 할머니 품에서 자란 아이는 대개가 온순하다. 응석을 부리면서도 할머니의 손을 잡고 자란 아이는 쉽게 상대에게 손을 내민다.

할머니는 인성을 강조하지 않지만 자연스럽게 온순한 성격으로 성장하게 만드는 마력을 지니고 있다. 부모는 냉철하게 자녀를 질책하지만, 할머니는 끝까지 아이가 생각할 수 있도록 기다려 주기 때문이다. 이러한 할머니의 기다림은 아이에게 생각하는 기회를 심어 준다.

"내가 먼저 사과하면 되지."

자라면서 할머니가 자신을 이해하고 포용해 주었던 일들이 성장하면서 대인관계를 이끌어 가는 지혜가 된다. 응석을 받아주는 할머니가 어느 때는 무엇이 잘못되었는지를 보여 주었기 때문이다.

"네가 잘못했지?"

라는 부모의 질책보다

"이런 것은 이렇게 하는 거란다."

스스로 잘못을 깨닫게 하는 할머니의 따뜻한 손길이 아이의 마음을 움직이게 만든 것이다.

할머니 손은 아플 때 쓰다듬어 주고 잘못했을 때나 칭찬을 할 때 쓰다듬어 주는 약손이다. 아이가 이해할 때까지 기다려 주고, 어떤 잘못도 야단보다는 말씀으로 깨닫게 만들어 주는 약손이다.

할머니 손이 몸에 닿기만 해도 편해지는 것은 할머니의 사랑이 그 따뜻한 손길에 들어 있기 때문이다. 올바른 인성은 사랑의 약손에서 성숙된다.

함께하는
습관을 키워라

| "선생님, 짝 바꿔 주세요!" |

신학기가 되면 학생이나 학부모가 짝을 바꿔 달라는 요구를 하는 경우가 있다. 새 학년 신학기에 만나는 짝이 자기와 맞지 않는다는 이유로 무조건 바꿔 달라는 잘못된 습관이다.

"한 달만 같이 지내보렴."

한 달을 지내다 보면 아이들은 친한 사이로 변하는 경우가 많다. 서로 사귀어 보지도 않고 일방적으로 상대를 평가하는 습관은 가정교육에서 습득된다. 무심코 던지는 부모의 한마디가 자녀에게는 상대를 평가하는 기준이 되기도 한다.

"아버지 직업이 뭐래?"

생활수준이나 상대 부모의 직업으로 아이를 판단하는 말 한마디가 자녀에게는 상대를 평가하는 기준이 되는 경우가 많다. 상대를 직업과 경제적 능력으로 평가하는 것은 상장과정의 자녀에게 대인과의 협력관계를 부정적으로 만드는 원인이 된다.

"우리 엄마가 너하고 놀지 말래!"

부모의 편파적인 말이 성장기 협력 관계의 친구를 형성하는 데 있어 부작용으로 나타난다. 대인관계에서 이익을 계산하는 성격으로 성장한다.

부모의 직업이나 능력을 보고 친구 관계를 만들어야 한다는 교육은 협동과 협력정신을 부정적이고 소극적 관계로 만든다. 성장기에 자연스럽게 서로를 도와주는 협력관계의 친구가 올바른 인성으로 성장한다.

| 더불어 살아가는 지혜 |

"두 사람이 발목을 묶으세요."

운동회에서 2인 1조가 되어 뛰는 게임을 하는 이유는 협동심을 심어 주기 위함이다. 두 사람의 호흡이 맞지 않으면 속도가 나지 않을 뿐만 아니라, 쓰러질 수도 있다. 빨리 뛰는 것보다 서로 협력하여 동시에 발을 옮기는 것이다.

서로 협력하지 않으면 뒤뚱거리고 쓰러지기 때문에 상대방의 입장에서 다리를 들고 내리는 호흡이 필요하다. 큰 키와 작은 키가 만나거나 빨리 달리는 학생과 느린 학생이 만나면 함께 뛰는 게임에서는 협력이 어렵다. 비슷한 키와 속도를 가진 팀이 협력이 잘되어 속도도 빠르다.

토끼와 거북이 게임처럼 빨리 뛰는 토끼가 자만하여 늦잠을 자는 것보다는, 느리지만 열심히 기어가는 거북이가 상대와 협력을 잘한다. 느리지만 쉬지 않고 협력하기 때문에 지속적인 속도가 나온다.

사회는 협력의 힘을 필요로 한다. 인성교육에서 협동심을 키우는 것은 사회생활의 협동심 때문이다.

사회는 더불어 살아가는 지혜가 필요하다. 혼자 잘났다는 사람은 고립되는 경우가 많다. 주변 사람들과 어울리지 않고 못하기 때문이다.

노인이 혼자서 무겁고 큰 돌을 옮기고 있었다.

"어디까지 옮겨요?"

"저기 집짓는 곳이요."

노인은 돌집을 짓고 있었다.

"애들아, 이거 좀 옮겨 드리고 가자."

십여 명이 쌓여 있는 돌을 집짓는 곳까지 옮겼다. 노인은 함박웃음을 지으며 한쪽 움막에서 고구마를 가지고 나와 청년들에게 주었다. 장거리 걷기를 하던 청년들은 고구마를 맛있게 먹었다. 십여 명의 청년은 노인의 돌을 옮겨 주었고, 노인은 청년들에게 맛있는 고구마를 주었다.

이처럼 협력은 서로의 장점을 나누어 시너지 효과를 창출하는 것이다.

협동의
시너지를 가르쳐라

| 높은 담을 넘어가는 능력 |

선생님이 백지 한 장을 주며 찢으라 했다.

"반을 찢거라."

첫 번째 학생은 쉽게 반을 찢었다. 두 번째 학생에게 두 장을 겹쳐서 다시 반을 찢으라고 했다.

"다시 반을 찢거라."

세 번째, 네 번째까지는 쉽게 종이가 찢기었다. 다섯 번째 학생은 힘을 주어 겨우 찢었다. 열 번째 학생은 찢는 것을 포기해야 했다. 이처럼 얇은 종이도 여러 번을 겹치면 찢기가 어렵다.

이번에는 두꺼운 종이철을 주며 첫 번째 학생에게 찢으라고 했다. 두꺼운 종이는 두 명, 세 명, 네 명으로 늘어나 함께 힘을 모으니 찢었다. 각자가 두꺼운 종이를 찢을 수 없었지만, 네 명이 동시에 협력하니 찢을 수 있었다.

"너희들이 경험한 것이 협동이다. 혼자보다는 여러 명이 힘을 모으면 무엇이든 해결할 수 있단다."

높은 담을 넘어가는 방법은 서로의 역할을 나누어 받침이 되어 주는 방법이다. 이처럼 협력은 서로의 역할을 나누어 문제를 해결하는 방법이다.

행복한 사회에서 필요한 사람은 협력하는 방법을 아는 사람이다. 상대에게 피해를 주지 않으며 안정하게 문을 통과할 때까지 문을 잡아 주는 배려와 양보하는 마음과 행동을 가진 사회가 올바른 인성으로 행복을 만든다.

협력은 배려에서 나온다. 자기만 생각하는 이기주의는 배려하지 못하고 협력도 하지 못한다. 배려나 협력을 하면 손해라고 생각하고 자신의 권리를 빼앗긴다고 생각하기 때문이다. 자신이 존재할 때 상대도 존재한다는 사고방식을 심어 주는 것은 생활환경과 교육환경에 의한 생활방식과 교육방법이다. 환경과 방식이나 방법이 사고력을 만들기 때문이다.

어려서부터 사회는 다양한 성격과 능력을 가진 사람들이 더불어 살아가는 집단이라는 인식을 심어 주어야 한다. 인성의 사회성 발달은 사회인식을 심어 주는 것에서 형성된다.

앞에서 살펴본 것처럼 중국에서는 대인관계를 특히나 중요하게 생각한다. 가장 능력 있는 사람을 구분할 때 '대인관계를 얼마나 가지고 있는가'로 평가한다. 그리고 다양한 직종의 다양한 사람과 관계를 잘 이끌어 가는 사람을 성공자로 구분한다.

부모의 주문이 자녀의 사회성과 다양성의 인성을 키운다.

"비슷한 친구를 사귀어라."

비슷한 성격이나 능력, 생활이나 교육수준이 비슷한 친구를 사귀라는 부모의 자녀는 다양성을 키우지 못하고 사회성이 발달하지 못한다.

'더불어'는 서로 다른 것과 어울리는 것이다. 비슷한 계층끼리 어울리는 것은 한정된 사회생활일 뿐이다.

학급에서 인기가 높은 학생은 공부를 잘하는 아이보다는 다양성의 소질을 가진 친교를 잘하는 학생이다. 이에 반해 공부만 잘하는 아이에 대해서는 '공부벌레'라고 하여 벌레로 구분한다. 공부도 잘하고 친구와 더불어 잘 어울리는 아이는 공부벌레라고 구분하지 않는다. '공부벌레'라는 한 단어에서도 알 수 있듯, 미래리더의 자질은 공부만이 아니라 다양성을 가진 학생이다.

"성격이 좋아!"

다양한 친구들의 성격과 어울리는 학생이다. 친구 간에 인기가 많은 학생은 성격이 좋은 친구이다. 상대를 배려하고 이해하는 마음이 넓다는 의미이기도 하다.

이처럼 21세기에는 성공의 기준이 올바른 인성으로 구분되고 있으며, 사회성과 다양성이 사회생활의 성공비결로 구분되고 있다.

나눔과 배려는 협동이고 조화이다

학교에서 돌아오니 엄마가 혼자 김장을 하고 있었다.

"마침 잘 왔다. 저기 배추 좀 가져다주렴."

매년 김장을 할 때면 엄마를 도왔다. 배추를 절이고 절인 배추를 양념에 담아 옮기는 일도 힘들었다. 한참을 일하고 있을 때, 아빠가 오셨다.

"여보, 웬일이에요? 이왕에 오셨으니 이 배추 좀 옮겨 주세요."

아빠가 도와주면서 김장을 쉽게 마무리할 수 있었다. 매년 김장을 하고 난 다음 날은 엄마가 아파서 누워 계시는 날이었다. 그런데 다음 날, 엄마는 웃으며 일찍 일어나 있었다. 올해는 나와 아빠가 도와주었기 때문에 김장 일이 쉽게 마무리되었고, 엄마도 아프다는 말을 하지 않았다.

"오늘은 김 씨 할아버지 논으로 모이세요."

밭이나 논농사를 하는 시골 방송에서 나오는 말이다.

품앗이는 시골에서 서로 협력하는 방법의 하나이다. 농사일을 서로 돕는 방법으로, 이웃 간의 협력이다.

품앗이농사를 할 때면 주인은 새참을 준비한다. 어느 지역은 자신이 심은 농산물로 먹을 것을 준비하여 오는 경우도 있다. 넓은 지역에 씨를 뿌리고 추수를 할 때까지 혼자서 하는 것보다 주민이 함께 서로 밭이나 논을 도와 일을 할 때 힘도 적게 들어가고 능률도 높아진다.

100평을 논이나 밭을 혼자 일하는 것보다 10명이 10평씩 나누어 일을 하면 쉽고 빠르게 끝난다. 10명의 논과 밭을 돌아가며 일을 하는 방법은 효과적인 농사방법으로, 오래전부터 내려오고 있는 생활의 지혜이다.

이러한 품앗이는 한국의 전통문화로서 서로가 협력하여 농사를 짓고 수확의 기쁨을 함께 나누었던 풍습이다. 사회생활에서 협력이 얼마나 중요 한지를 전하는 전통문화이다.

| 맺음말 |

동물은 새끼를 학습시킬 때, 본능적으로 행동을 보여 주면서 따라 하도록 학습시킨다. 동물은 냉정하고 잔인할 정도로 새끼를 훈련시킨다. 새끼는 어미의 행동을 보고 한 동작씩 따라 하면서 생존학습과 함께 바르게 성장한다.

인간도 부모의 뒷모습을 보며 자신의 성격과 인격을 향상시켜 나가며, 타인관계의 예의 및 도덕성을 키운다. 부모의 올바른 인성교육은 자식의 인격적 요소와 타인관계의 리더십을 자연스럽게 발달시킨다.

이이는 조선시대 유명한 학자로 다양한 분야에서 칭송을 받았다. 이이의 리더십은 어머니인 신사임당을 통해 자연스럽게 형성되었다. 이처럼 올바른 인성교육은 주변 사람들의 마음을 감동시켜 스스로 존경하게 만드는 리더십으로 나타난다. 인격이 형성된 사람을 믿고 존경하는 것은 자연스런 형상이다.

이에 반해 히틀러는 대중의 마음을 얻기 위해 다양한 전술적 방법을 사용했다. 얼굴 표정이나 손짓, 발짓을 거울을 보면서 연습한 결과, 대중의 일시적인 인기를 얻었다. 그러나 자연스럽게 습득된 인격이 부족했던 히틀러의 최후는 비참했다.

이처럼 인격은 일시적인 노력만으로 평가되는 것이 아니다. 오랜 세월 동안 반복적인 평소의 습관이나 성격 등을 통해 나타나는 것이다. 인성은 어려서부터 체계적이고 단계적인 학습을 통해서 형성된다.

비바람에 돌의 모양이 만들어지듯 올바른 마음의 자세를 만드는 인성도 시간이 필요하다.

인성은 다양한 체험을 통해 스스로 느껴서 습득된다. 자율활동, 동아리 활동, 봉사활동 등을 통한 협동과 협력, 배려와 양보, 나눔 활동에서 상대적 반응을 보고 들으며 감동할 때, 비로소 올바른 인격이 형성된다.

비바람에 돌 모양이 만들어지듯 올바른 인격을 만들려면 견디고 기다리는 인내력이 필요하다. 그런데 요즈음 아이들의 문제점은 기다리지 못하는 마음과 행동이다.

"몸이 불편한 분이니 양보해야지."

"몸이 불편해서 행동이 느리니 기다려야지."

상대에 대한 이해와 배려는 기다림의 인내력이다.

"빨리빨리 비켜!"

자신만이 급하다고 상대방의 입장을 생각하지 않는 사람은 원만한 대인관계를 이끌어 가지 못한다.

"이리 주세요. 제가 도와드릴게요."

가던 길을 돌아와 상대를 도와주는 행동이 아름다운 사회를 만든다.

"당신을 존경합니다."

스스로 느껴서 말하는 진심의 표현이다. 성자를 존경하는 것은 스스로 느끼기 때문이다. 스승을 존경하는 것도 스스로 느끼기 때문이다. 존경심은 상대의 인격이나 도덕성을 믿기 때문이다.

올바른 인성은 상대의 마음을 감동시킨다. 믿음과 신뢰는 인성에서 나온다. 확고한 기준을 가지고 변하지 않는 신념을 가진 사람에게 의지하는 것은 동물적 본능이다. 부모나 연인, 스승에게 의지하고 존경하는 것은 믿음과 신뢰를 가지기 때문이다. 인성은 상대에게 믿음과 신뢰, 의지와 존경을 만드는 창의적인 리더십이다.

올바른 인성을 키우는 방법은 인격과 도덕을 바탕으로 배려와 나눔의 삶을 학습시키는 것이다. 협동, 조화의 방법을 학습시키는 것이다. 이 책을 통해 이 땅의 많은 이들이 이 한마디를 상대에게 할 수 있길, 그리고 상대로부터 들을 수 있길 바라며 글을 마치고자 한다.

"당신을 존경합니다."

– 인성리더십 강사일동

글로벌 인성

인성 리더십

초판 1쇄 인쇄일 2016년 2월 24일
초판 1쇄 발행일 2016년 3월 05일

지은이 문희강 김진진 최은례 이경자 임해숙 장정자
　　　 최미애 김정훈 최만호 염두연 김옥순

펴낸이 양옥매
표지 디자인 이윤경
내지 디자인 황순하
교정 조준경

펴낸곳 도서출판 책과나무
출판등록 제2012-000376
주소 서울특별시 마포구 월드컵북로 44길 37 천지빌딩 3층
대표전화 02.372.1537　**팩스** 02.372.1538
이메일 booknamu2007@naver.com
홈페이지 www.booknamu.com
ISBN 979-11-5776-165-4(03320)

이 도서의 국립중앙도서관 출판시도서목록(CIP)은 서지정보유통지원 시스템
홈페이지(http://seoji.nl.go.kr)와 국가자료공동목록시스템
(http://www.nl.go.kr/kolisnet)에서 이용하실 수 있습니다.
(CIP제어번호 : CIP2016005024)

| 저자 프로필 |

문희강

경력 및 약력

사) 한국교육협회 대표

한국인성상담교육원장

한국치유상담센터 센터장

에니어그램 자격과정 교육

한국에니어그램상담학회 회장

심리상담 1급

청소년상담, 학부모교육

부부상담, 진로상담

유머 웃음치료사

국제에니어그램 전문강사

사회복지사 슈퍼바이저

한양대 공공정책대학원 사회복지학전공

저서

나를 찾는 에니어그램

Mission : 성격을 알면 성공이보인다.

010-5351-6238

김진진

경력 및 약력

현) 원일초등학교 영양교사

사) 한국인성교육실천협의회 수석코치, DID 코칭강사

대한민국 여성 땡큐테이너1호

전) 청소년 아카데미 강좌, 지방식품위생직

영양사, 조리사, 유차원정교사, 보육교사, 음악줄넘기 지도사, 레크레이션 강사1급,

웃음치료사 1급, 인성지도사 1급, 심리상담사, 가정정리 컨설틴트, 정리력 강사

장안대 식품영양학, 한국방송통신대학교 유아교육학, 수원대교육대학원 영양상담,

경기대교육대학원 상담교육 전공

Mission : 건강, 비전, 인성리더십, 정리, 행복한 중년의 삶

010-3341-2319

염두연

경력 및 약력

현) 가정행복경영연구소 소장

현) 국민인성교육진흥재단교수

현) 모티베이션코칭센터수석연구원

현) 브레인트레이너협회전임강사

현) 방송통신대학경기산학협력단교수

Mission : 뇌와 몸, 뇌와 자동적 사고(패턴), 행복소통, 셀프리더십코칭,

부모교육, 인성, 정서경영, 스트레스관리, 분노조절

010-4740-5711

이경자

경력 및 약력

현) 연수구 노인대 학장

현) 인하대학교 사회복지대학원 재학

현) 인천문인협회

현) 홍익부페 대표 ,(사) 한국교육협회 고문

전) 홍익가든, 홍익개발,홍익웨딩홀, 연수주유소 신여성병원, 홍익김치,

홍익농장,CJS대표 역임

스피치지도사, 이미지메이킹, 감정노동, 자살예방, 인성,

학교폭력,생활유머지도사, 웃음치료, 레크레이션지도자, 비전코치지도자,

노인교육지도사, 등 다수의 과정수료

Mission : 경제, 자녀교육, 인성, 부부 행복한 삶, 자녀교육

010-4632-7100

임해숙

경력 및 약력

tteuda(뜨다) 대표

tteuda문화연구소 소장

세계자연요법협회 이사

연세대,상명대,하얼빈교수(전)

노인치매연구소 소장

수풀입협회 이사

한국능력교육개발원 외래교수

도전한국인 운동본부 사무총장

수상경력

신지식인 대상

창조경영대상

재능나눔봉사 대상

공로상.표창장 다수

북경세계중위약중의사

오성국제휴먼올림픽기술

저서

국제휴먼올림픽 심사위원

Mission : 함께 호흡하며 실생활에 적용되는 강의로 명쾌한 강의를 하자!

010-6506-7575

장정자

경력 및 약력

현) 금오공대 평생교육원 외래교수

현) 충북자치연수원 도민교육, 실버특강전문강사

현) 구미시 평생교육원 여성대학(웃음), 장수대학(웃음), 시민대학원(실버레크)

현) 펀 리더십 스피치 자격과정 지도자 육성& 실버레크리에이션 지도자 육성

현) 왜관초, 형일초, 칠곡 방과후 아카데미 리더십 스피치교실 출강

현) 김천 장애인복지관 다문화 가족 (환상의 커플부부관계개선) 프로그램 출강

현) 소상공인 진흥원 대구북구센터파견 김천소년교도소 특강강사

웃음치료사1급,2급 / 평생교육사/요가지도자 2급 / 학교폭력지도사 1,2급 /

레크리에이션 1급 / 유아레크리에이션 / 실버레크리에이션2급/ 직장내 성희롱예방강사/

펀리더십지도자1급/ 스트레스관리사 / 다문화 아동양육지도사 /

펀 스피치 유머 스토리텔링 / 문해교원자격증/ 소통전문가

Mission : fun하고 안전한 세상 만들기

010-5123-2318

최미애

경력 및 약력

전) 충남대학교 평생교육원 강사

전) 충북대학교 산학협력단 전문영양교육강사

(심뇌혈관질환 예방관리사업 영양교육, 스트레스코칭)

현) 충청북도 도민홍보대사

현) 한국명강사연합회 부회장

현) 파랑새 강사단 홍보대사 & 전임강사

현) 한국평생교육원 전임교수

현) 전남경찰청, 충남경찰청 전임강사

현) 소방학교 외래교수 (스트레스코칭과 건강관리)

현) 한국능률협회 외래교수

현) 한국성희롱예방센터 교육전문강사

현) 대한웰다잉협회 문화홍보팀장

Mission : 웃음, 인성, 스트레스관리 영양, 행복, 친절,

웰다잉 부부화합, 아름다운성

010-9253-6822

김정훈

경력 및 약력

현) 한국자살예방교육협회 회장

현) 국가인성교육진흥협회 회장

현) 한국생활안전교육협회 회장

현) 서울기독교청소년협회 협회장

현) 한국교육협회 이사장

전) 한양대학교 부동산경영학과 교수

전) 여주대학교 유통관리, 부동산 교수

엑소더스대학교 철학박사, 월드크리스천대학교 명예교육학박사,

웨스트민스터대학원 교육학박사, 백석대학원, 강남대학원, 한국방송대학교 법학,

부동산학, 사회복지학, 상담심리 전공

저서

자살예방학개론, 위기상담학, 학교폭력예방지침서, 인성교육지침서,

윤리학개론, 교육학개론 등

Mission : 소통, 인성, 인간관계, 스트레스관리, 분노조절 행복한 삶, 청소년비전

010-5058-2001

최만호

경력 및 약력

한국 강사은행 부총재, 행복 멘토

사) 한국평생교육강사연합회 영남지회 명강사

중소기업진흥원 대구, 부산·경남연수원 전문위원

대구대학교, 영진전문대 평생교육원 교수

대구시 문화시민운동협의회 시민강사

대구시 교육청 학부모역량강화교육 강사

전 대구 KBS 1TV 〈토요아침마당〉MC

현 울산교통방송 〈주말 TBN 차차차〉MC 방송경력 32년

Mission : 웃음, 유머, 인성, 소통, 인간관계, 즐거움

010-3525-4526

최은례

경력 및 약력

충주 건국대 미래창조교육원 전임강사

마이크 임팩트 강사, 인상학회이사

소방학교 전임강사, 대학CEO 이미지메이킹강사

재단법인인재개발원전임강사

숲 문화재단 전임강사, 공무원, 농협주부대학, 원로대학인기 강사

대한민국가족지킴이 이사

대한민국 CEO 인물대상인성교육부문대상

저서

성공하려면 얼굴을 경영하라, 인성좋은 부모가 자녀를 성공시킨다.

Mission : 부자가 되는 얼굴경영, 마음경영

010-3376-2846

김옥순

경력 및 약력

현) 인천, 안산상공회의소 전임강사

현) 한국취업진로학회 부회장, 부설한국취업진로교육원 전문교수

현) 안산대학교외래교수

현) 글로벌인재개발교육원 원장

전) 호원대학교 겸임교수

전) 안산, 시흥평생학습관 스피치&리더십 전임강사

평생교육사 2급, 스피치지도사 1급, 리더십지도자 1급, 고객관리지도사1급,

진로적성지도사, 레크리에이션 & 이벤트MC 1급, Fun경영지도자,

웃음치료사, 한국문화콘텐츠디렉터

Mission : 소통,인성,리더십,직장예절과 커뮤니케이션

010-8921-7983